講談社選書メチエ

KODANSHA SENSHO MÉTIER

420

岡本隆司

世界のなかの日清韓関係史

交隣と属国、自主と独立

世界のなかの日清韓関係史

●目次

プロローグ

ある宰相の死

青瓦台《チョンワデ》といえばもちろん韓国の大統領府、その南に隣接して、朝鮮王朝の故宮ともいうべき景福宮《キョンボックン》がある。観光客をひきつける一大スポットである。この宮殿の正門を光化門《クァンファムン》という。朝鮮戦争で焼失し、朴正熙《ぼくせいき》大統領時代に再建されたものだが、現在はもとの場所に移築工事中である。

いまからほぼ百十年のむかし、一八九六年二月一一日、その光化門の外で、ときの総理大臣金弘集《きんこうしゅう》が、とりかこんだ群衆にうちころされた。享年五十五。

一国の宰相が殺される、というのはもちろん重大な事件であるから、この事件はどの本にも、必ず言及はしてある。だが、特筆というような筆致はみたことがない。この時期の一エピソードとしてふれる、といった趣である。

歴史をひもとけば、宰相の殺害は、古今東西、枚挙に暇がない。われわれがともすると、それを異様に思ってしまうのは、日本ではそうした史実が少ないからかもしれない。それでも原敬《はらたかし》・犬養毅《いぬかいつよし》の例もあるし、閣僚大臣や首相経験者にまで話をひろげれば、やはり少なくはないといえよう。まして歴代つうじて政争の絶えない朝鮮王朝、政情の不安だった当時のことである。だから歴史によくある事件だとして、さほど重視しなくても、さしつかえないのかもしれない。

しかし、不意の暗殺ではなく、群衆に虐殺される、しかも殺害された当の宰相が、殺される運命を十分に知りながら、なおかつ「天命である」と言い放って、自ら死地に赴いた、という経過は、筆者はこれを措いては、寡聞にして知らない。史上に皆無だといいきる自信はないものの、それほど例がないのではあるまいか。そんな異様さこそ、この時期の朝鮮の状態を暗示しているとはいえないであろうか。

光化門(George N. Curzon, *Problems of the Far East,* London, 1894より)

日清戦争直後のこの当時、金弘集は日本の支持をえて、くりかえし内閣を組織し、近代化の改革政治にとりくんでいた。しかしその政策の一環として、国王と王妃を政府から切り離して政治に関与させないようとしたことは、かれらの大きな反撥をまねいた。そして一八九五年の一〇月、日本が景福宮で閔妃《びんひ》を殺害する事件をひきおこすと、金弘集は日本側の意を受けて、うやむやにこの事件の収拾をはかろうとしたため、決定的に君主の高宗《こうそう》の支持を失ってしまう。

さらに改革のひとつとして、髷をやめさせる断髪令を出したことは、自らの伝統習俗を尊しとする保守派の在地有力者たちの反感を買った。年が明けると、かれらは国母《こくも》を殺害した蛮行に憤って、反日感情を強めた朝鮮民衆を動員して、金弘集政権に反対する動きを強めていった。

こうした不穏な空気のなか、閔妃殺害以来、身の危険を感じていた高宗と、政権から遠ざけられていた親露派の官人たちがむすびつく。かれらはまもなく景福宮を脱出、ロシア公使館に避難し、そこで新政府を組織した。そのうえで金弘集ら旧政権の要人を罪人と断じて、捕縛を命じたのである。

かくて政権を打倒するクーデタは、現実のものとなった。上下官民から全面的に支持を失ったことに絶望したためであろう、金弘集は従容として、死の運命を受け入れたのである。

金弘集の生涯

このようにみてくると、金弘集は日本の朝鮮侵略を支持したがために、横死の運命をまぬかれなかったようにみえるし、それは決して、まちがったみかたではあるまい。けれどもそれだけで、すべてをわりきってしまうには、当時の朝鮮内外の政情は、あまりに複雑怪奇である。

金弘集、本貫は慶州《キョンジュ》、号は道園《どうえん》・以政学斎《いせいがくさい》。一八六八年、二十七歳のとき文科に合格して官界に入った。奇しくも、明治維新成った日本と、文書の書式をめぐって対立した年である。またそのわずか二年前には、カトリック教会の弾圧とフランス艦隊の侵攻、さらにゼネラル・シャーマン号事件も起こっていた。かれの政界デビューは、朝鮮が西洋諸国と否応なく関わりをもち、国際政治の荒波にむけて船出せざるをえない秋にあたっていたのである。

それ以後、順調に昇進していたかれに、第一の転機がやってきた。すなわち、一八七六年に江華《こうか》条約をむすんだ日本との折衝である。

条約に調印はしたものの、貿易品目や税率など、その具体的な実施細目は日本と意見が合わず、なお交渉が継続していた。その朝鮮側代表の第二次修信使《しゅうしんし》として、かれが日本へ渡ったのは、一八八〇年。東アジアの情勢が流動化しはじめる一八八〇年代の幕を開けた朝鮮人も、かれであったといってよい。

金弘集（『金弘集遺稿』高麗大学校出版部、1976年より）

同じころ清朝はすでに、日本に在外公館を開設し、初代の常駐公使として何如璋《かじょしょう》が赴任していた。金弘集は東京芝の清朝公使館に何如璋を訪ねて、日本との交渉のみならず、朝鮮が今後とるべき対外的な指針について示教をうけ、何如璋の部下である黄遵憲《こうじゅんけん》がしたためた小冊子『朝鮮策略《ちょうせんさくりゃく》』をもちかえった。アメリカとの条約締結および清朝との関係強化をすすめるこの小冊子が、欧米列強と条約をとりむすぶきっかけをつくったのは、有名である。

かくて対外折衝の専門家と目された金弘集は、以後ことあるごとに、外交交渉の重任にあたることになる。一八八一年、経理統理機務衙門事、翌八二年には、吏曹参判・工曹参判・機務処堂上を歴任するかたわら、アメリカ・イギリス・ドイツとの条約調印にあたる議約副官に任命され、実質的な朝鮮側の全権代表の役割を担い、清朝から派遣された馬建忠《ばけんちゅう》と緊密に協力をして、首尾よく調印を果たした。

そしてその年の夏、壬午《じんご》変乱が起こると、日本・清朝のあいだを往復奔走し、馬建忠の指示をあおぎつつ、難渋な日本との交渉をとりまとめて、済物浦《さいもっぽ》条約をむすんだばかりか、その直後に北京に使し、善後策の決定にも参画している。この間、清朝の朝鮮政策をとりしきったその馬建忠の信頼も篤かった。「聡明で時務をわきまえている」、「けだし朝鮮随一の人物」だといわしめるほどだったのである。

親清か親日か

それならかれは当初、日本よりもむしろ清朝のほうに親密だったことになるが、まさしくその通りである。

一八八四年末、日本の勢力を利用して政権を奪おうとした金玉均《きんぎょくきん》たちのクーデタ、甲申《こうしん》政変に荷担しなかったばかりか、その後始末をつけるべき翌年の外交交渉でも、日本側の全権、外務卿の井上馨《かおる》を相手に一歩も引かず、かれをさんざん悩ませた。

こうして金弘集の経歴をたどってみると、日本の朝鮮侵略に荷担する「親日派」どころではない。むしろ清朝と協調して日本に対抗し、また日本と提携する国内勢力を抑制しようとした人物であり、その存在と見識と力量は、清朝側からも高く評価されていた。親清派というべきである。

されればこそ、こののち一八八〇年代の後半から、朝鮮朝廷の政策がむしろ清朝と距離をとるようになると、閑職に追いやられたのであった。

そんなかれが、およそ十年の後、いわば「親日派」の烙印を押されて虐殺される。そこにはいったい、いかなる事情があったのであろうか。

日清戦争で清朝に勝利した日本の支持を獲て、内閣の首班になったのだから、下世話な言い方をすれば、かれは変節したわけである。それにまちがいはないにしても、かれをしてそうさせたゆえんは、いったい何だったか。そして命を失わなくてはならなかった理由は、どこにあるのか。

そして宰相が横死したあげく、外国の在外公館に一国の宮廷と政府が存在する、そんな異常な事態は果たして、どんな結末をむかえるのであろうか。

それはもはや、金弘集ひとりの問題ではない。朝鮮一国だけの問題でもない。東アジアの歴史そのものの動きに、答えをもとめるべきであろう。

第一章
宗属関係

1　朝鮮王朝の対外関係

中華と朝鮮

朝鮮王朝は一三九二年、太祖李成桂《りせいけい》が王氏高麗を倒して建てた王朝である。この王朝はその建国のはじめから、中国の明朝と深いつながりがあった。国号の「朝鮮」というのも、自ら勝手に称したものではない。古代以来の由緒あるこの国号は、明朝から賜ったものであった。しかも明朝の構想する世界観・世界秩序に、もっとも忠実な国だったといってよい。

その世界秩序とは何か、といえば、学界ではいろんな称呼がある。そのネーミングは、どれにも一理あって、選ぶのがなかなか悩ましい。ここでは史料用語に忠実で、かつまた無用の混乱と誤解をなるべく避けるために、宗藩関係と呼んでおこう。儒教とりわけ朱子学のとなえる「華夷」の別と「大義名分」を前提とし、「礼制」の秩序体系にもとづいて、明朝と周辺国の関係をさだめようとしたものである。

もう少しくわしく言い換えてみよう。明朝の皇帝は、天から天下を支配するよう命ぜられ、天下の中心たる中華に君臨する天子である。中華を囲繞《いにょう》する周辺の国々は、したがってその天命を尊重し、明朝皇帝に臣事、服属しなくてはならない。そのあかしとして、周辺諸国のリーダーは天子のもとに、その地の産物を貢ぎものとして持参する。それを受けた明朝皇帝は、その返礼として莫大な下賜品を与えるだけではなく、その国の君長たることを認可する。

周辺国の行為を朝貢といい、明朝の側のそれを冊封《さくほう》という。この関係を冊封体制と呼んだり、朝貢システムといったりするのは、ここに由来する。

一四世紀の日本もその例に漏れず、朝貢を行って冊封を受けた。足利義満が明朝皇帝から「日本国王」に封ぜられ、勘合貿易を許されたのが、それにあたる。そこからただちにわかるように、臣事といっても、明朝の実効的な支配や影響力が、必ずしも周辺国の内部に及ぶわけではない。

日本の場合は主として、中国と貿易がしたかったのであり、いわゆる服属や朝貢というのは、さしづめその方便であった。そうしないと、貿易取引を許してもらえないからである。もちろんそれは決して、日本にかぎった話ではなく、ほとんどの周辺国がそうであった、といっても過言ではない。

そのなかでほぼ唯一、ちがっていたのが朝鮮である。日本その他の国々が、朱子学の理念・「礼制」の秩序にはおよそ無縁、無知、無関心だったのに対し、朝鮮王朝は朱子学をその国家イデオロギーとしていたからである。

明朝の世界観に心底から納得し、明朝が構想した世界秩序を受け入れ、明朝を君父たる宗主国とあがめたてまつり、自ら臣子たる藩属に甘んじた。この関係を宗藩関係と呼ぶのはそのためなのだが、いっそう人口に膾炙《かいしゃ》した言い方でいえば、それは事大関係である。「事大」はすなわち、大に事《つか》える、ということで、「大」は「大国」、中華王朝のことをさし、あるいは「上国」ともいう。つまり君臣父子の礼をもって、宗主国の明朝につかえることである。そこで本書では、とくに朝鮮の側からみる場合には、事大関係という術語も用いることにしたい。

事大と交隣

朝鮮にとって、この明朝との宗藩関係が対外関係の根幹であったのはいうまでもない。しかしながら、それが対外関係のすべてではなかった。南には海を隔てて日本列島・沖縄諸島がある。北には鴨《アム》緑江《ノッカン》をへだてて、現在の中国遼寧《りょうねい》・吉林《きつりん》の二省がひろがる。

歴史地図などをみると、永楽帝《えいらくてい》の時代に全盛期をむかえた明朝は、この地域をほとんど版図におさめた時もある。が、その勢威が減退して、遼東半島一帯のみを領有するにとどまってからは、明朝と朝鮮とは鴨緑江の河口あたりで接するだけとなった。

両者のあいだに介在する、いっそう広大な隣接地域は、ツングース系のジュシェン（女真、女直）人が暮らす人口の稀薄な森林地帯である。したがって当時の朝鮮は、日本と琉球が南方の、ジュシェンが北方の隣国ということになる。

こうした隣国に対する朝鮮の態度は、また独特なものである。隣接する以上はまったくの没交渉にすませるわけにはいかないから、関係をとりむすんではいて、これを交隣関係という。字義としては、文字どおり隣国との交際という意味であるけれども、そこにこめられたニュアンス、心情は自ずから別である。

朝鮮は明朝と同じく、いなそれ以上に朱子学を信奉する国であるから、「華夷」の別と名分にはやかましい。だから中華そのものである明朝に対しては、自らはもちろん東夷にほかならない。けれども朝鮮は中華を慕って中華たらんとつとめ、自ら中華の分家と任じ、東方礼義の国、東華、小華と称した。いわゆる小中華である。その観点と水準からみたならば、まわりにいる日本・琉球・ジュシェンなどは、文字どおり夷狄、野蛮以外の何ものでもなかった。

だからといって、朝鮮は隣接国との間に、たとえば明朝と周辺国の場合と同じような宗藩関係を形成するわけにはいかなかった。明朝に対しては、いずれも朝鮮じしんと異ならない藩属だからである。そのために表向き、交際の形式は対等とならざるをえない。これを敵礼《てきれい》、抗礼《こうれい》と称する。「敵」も「抗」も対等の意である。

ただそれはあくまで、表向きのことにすぎない。その内心は日本・琉球・ジュシェンを夷狄と蔑視するものであって、人に非ざる禽獣を適当にあしらっておく、というのがその理念・心情に近い。だから交隣の関係には、宗藩関係における冊封・朝貢のような一定の形式は存在しなかった。

このように事大関係と交隣関係からなる朝鮮の対外関係は、それぞれが必ずしも連関するものではなかった。事大は明朝に対するのみ、それだけで完結する関係であり、同じく交隣も日本となら、日本に対してだけで完結する。だから当事者どうし以外には、きわめてわかりにくい関係であったし、またわかる必要もなかった。

たとえば、明朝と朝鮮の関係のすべてを日本が理解するというのは、当時はもとより、現在であっても、おそらく容易ではあるまい。朝鮮と日本の関係を中国が理解する場合にも、同じことがいえよう。

時々に応じてそれぞれを使い分けながら、個々をたばねて意味づけをしたのは、朝鮮王朝じしんにほかならない。それを通じて、自らユニークな世界観、秩序意識を形づくっていた。だからそれをそのまま、日本や中国の立場からみた場合にあてはめるわけにはいかない。言い換えれば、東アジア諸国全体を律するような共通の、たとえば近現代の国際法のような観念や秩序体系は存在しなかった。

しかしながら朝鮮独自の、このような対外関係のありようは決して、永続しなかった。一六世紀に入ると世界は、大航海時代である。その変動は極東の国々にも及び、朝鮮の対外関係にも深刻な影響を与えずにはおかなかったのである。

2　倭乱

日本と世界史と東アジア史

ユーラシア大陸の東のすみにへばりつくように点在するのが日本列島。それより東に広がるのはただ海ばかり。こうしてみると、まさしく極東とよぶにふさわしい世界のはてである。

東の海中にあり、多くの国に分かれて、何やら騒いでいるらしい土地、というのが古代中国人の日本観であった。七世紀のはじめ、隋唐のころ、「日出づる処の天子」がようやく全体を代表して、使者をよこすようにはなっても、日本という国はとりたてて、注意を引く対象ではなかった。

　そんな日本が史上ほとんどはじめて、その存在を世界に示したのは、一三世紀の後半、いわゆる元寇、モンゴル帝国の征服失敗だといってよいだろう。世界のほとんどがモンゴルの支配下・影響下にはいったなか、その征服をまぬかれたのは、ユーラシア大陸の西のはてのヨーロッパと東のはての日本だけである。

　この歴史事実は、たとえ強弩《きょうど》の末、モンゴルの武力が距離的におよびかねた結果でしかなかったにしても、ふつうに考えられているより、はるかに重大な意味をもつかもしれない。近代に資本主義化しうる社会構造をもっていたのは、この東西のはてにしかなかったからであり、それはユーラシアの大部分と日欧とがきわだって異なる世界だ、という事実を物語っている。

　ともかく日本はこれ以降、否応なく本格的に中国大陸・朝鮮半島と向き合うようになり、大陸・半島のほうでも、その存在を強く意識しはじめた。明の太祖《たいそ》が日本を「不征国」の一つに数え、しかも叛臣との通謀を恐れたのは有名な史実であるし、朝鮮王朝の建国は倭寇との関係を抜きにしては、語れないものである。

　だから、西方の眼からみる日本というのは、嘉《よみ》すべき存在ではない。その認識は要するに、倭寇という名が示すとおり、海のかなたからやってくる暴力的な脅威でしかなかった。

　その社会を実見、研究するようになってからも、案の定、武人が指導層として横行する、聖賢の道などどこにもない国だと判明する。とりわけ文字を読み書きし、記録を残す知識人たちからみて、そうであった。

自分たちの儒教的な思考・論理では律しえない、もっとくだいていえば、何をするかわからない、というのが、その日本人像であって、中華王朝や朝鮮王朝からみれば、日本はまことに不快、不可解きわまる存在だったのであろう。今でも大方の中国人・韓国人・朝鮮人の日本人に対する一般的な感覚は、さほどかわっていないのかもしれない。

日本という国を知るのに、応仁の乱以前のことは必要ない、それ以後だけで十分だ、というのは内藤湖南の名言である。もっともこれは、日本史の文脈よりも、世界史において語ったほうが、いっそう肯綮《こうけい》に当たっている。日本史がアジアの舞台で活躍をしはじめ、世界史の動向を左右しはじめるのが、まさしくかれのいわんとする画期に該当するからである。

時あたかも一六世紀、新大陸の発見・西力東漸の大航海時代である。それにともなって、銀がにわかに増産され、世界を駆けめぐった。それが折しも構造変革を遂げ、経済発展を始めつつあった中国の社会をいっそうの活性化に導く。豊富な貴金属を埋蔵する日本列島は、鉱山の開発と金銀の産出によって、これまたにわかに、その主要な貿易相手として出現し、その力量を急速に増大させてきた。

その結果あらわれたのが、戦国の群雄争覇であり、織豊の天下統一である。割拠抗争から、やがて統合に収斂してゆく国内の富力・武力の増大は、外に向かっても奔出し、シナ海への膨張となってあらわれた。いわゆる後期倭寇がそれである。

一六世紀もおわりに近づき、倭寇という海賊行為は終熄しても、エネルギーの噴出はやまなかった。そのゆきついた先に、豊臣秀吉の朝鮮出兵がある。

朝鮮出兵

「唐入《からい》り」の先導をつとめさせる、という動機に発したこの外征の、真の目的が奈辺にあったのか、よくわからない。東アジアの実情からかけはなれた独善、誇大妄想と片づけるのは簡単であるし、もちろん成功するはずもなかった。けれども、それが遂行された事実と、失敗に終わった結末とが及ぼした影響は甚大である。

これを契機に、豊臣政権内の武功派にして主戦派と、吏僚派にして和平派との対立が決定的になった。秀吉の死とともに、政権が徳川家康の手にうつり、関ヶ原の戦いをへて、江戸開府をもたらした経緯は、日本人にはほとんど常識的な知識といってもよい、あまりにも有名な歴史であろう。

だがその影響はもとより、日本の国内政治にかぎらない。朝鮮はほぼ全土を蹂躙《じゅうりん》されたわけで、その被害は筆舌につくしがたいとされる。一五九二年と九七年、日本の年号で文禄・慶長の二度にわたる戦役は、朝鮮ではそれぞれ「壬辰《じんしん》倭乱」「丁酉《ていゆう》倭乱」と称する。日本にかねてより抱いていた危惧である暴力的な脅威が、まさしく現実のものになったわけである。が、しかし朝鮮の側に、何も議すべき点がなかったともいえない。

そもそも朝鮮王朝というのは、文人優位の整然とした中央集権的な官僚制国家であり、儒教・朱子学のテーゼそのままに、武を卑しむ観念が上下を貫いていたから、その軍事力は相対的に見て、さして強大なものではなかった。

それでも外敵から安全だったのは、さきに述べてきた事大関係・交隣関係がそれなりに、うまく機能していた、いわば外交に宜しきを得ていたためである。逆にいえば、強大な武力を持つ隣国がある場合、対外関係の舵取りを誤ると、たちまち外患にさらされる危険が多分にあった。

だから一五世紀の後半、領議政として礼曹判書を兼ね、朝鮮の外政を主導した申叔舟《しんしゆくしゆう》は、何よりも「事大交隣を以て己が任と為し」ていたのであり、そのもっとも憂慮するところは、日本であった。

かれは一四四三年、二十七歳のときに日本に使し、後年『海東諸国紀《かいとうしよこくき》』という書物を著した。これは申叔舟の日本研究の成果、当時の日朝関係を知るのに貴重な書物である。そのなかで、

習性は強悍、剣槊《けんさく》に精《たくみ》なりて舟楫《しゆうしゆう》に慣る。我と海を隔てて相ひ望む、之を撫するに其の道を得ば、則ち朝聘《ちようへい》礼を以てせん、其の道を失はば、則ち輒《みだり》に剽窃《ひようせつ》せん。

と断じたのは有名である。

ことほどさように、日本を脅威とみていたならば、その戦国末期の変貌には十分な注意を払ってしかるべきだったし、それに応じた備えもほどこしてよかったはずである。にもかかわらず、申叔舟の

ような憂慮はどうやら、朝鮮政府のコンセンサスにはならなかったらしい。

かれの死後、一五世紀末以降、朝鮮から日本へ使者は来なくなって、その情勢に疎くなったのも、自然のなりゆきだったのであろう。かくて一六世紀の末にいたっては、いたづらに名分に拘泥し、当時の日本の実情、戦国時代から豊臣政権にいたる現状を見ようとはせず、朝鮮出兵にさいしても、対馬の宗氏や小西行長を通じた交渉しかしようとしなかった。

その結果、申叔舟の言葉を借りれば、日本「を撫するに」「其の道を失」ってしまったわけである。さればこそ、この戦役で東奔西走のはたらきをした柳《りゅう》成龍《せいりゅう》は、その著『懲毖録《ちょうひろく》』の開巻劈頭《へきとう》で、申叔舟が世を去るとき、国王成宗《せいそう》の下問に対し、「願はくは国家、日本と和を失ふ勿れ」とこたえた、というエピソードをことさら紹介しなくてはならなかった。秀吉と日本が東アジアのことを知らないのに劣らず、朝鮮も日本のことを知らなかったのである。

そして日本に見せた姿勢は、戦禍に遭ったのちにも、残念ながら変わらなかった。およそ三十年ののち、別の局面でくりかえされて、「倭乱」と同じ、いなそれ以上の災禍を自らにもたらすことになる。

中国からみた朝鮮出兵

日本から攻撃をうけた朝鮮は、明朝に援軍を求めた。藩属の危機を上国に救ってもらおう、いいかえれば、交隣関係の破綻を事大関係によって救済しようとしたわけである。それぞれがバラバラであった対日・対明関係は、ここにきて不可分に関連せしめられることとなった。

このため秀吉の朝鮮出兵は、中国史上において「万暦の三大征」といって、明末の三大戦役のひとつに数えられる。秀吉の朝鮮出兵は、日明戦争に転化した。いな、秀吉は「唐入り」を公言していたのだから、本来ねらっていた戦争になった、というべきかもしれない。したがってその終結いかんも、日明間の交渉に委ねられることになる。

はじめ破竹の勢いで朝鮮半島を席巻した日本軍は、海上で朝鮮水軍に敗れて制海権を奪われ、さらにまた、新たにあらわれた明軍のためにおしもどされ、平壌《ピョンヤン》で大敗し、以後戦局は膠着状態に陥る。その間に講和へ向けた動きがはじまった。

この講和交渉の意味もわかりづらい。一見すると、一貫して明朝側の観念に即して、進行したようにみえる。つまり豊臣秀吉に対する冊封を行うか、朝貢を許すか、という点のみをめぐって、明朝政府内の議論が行われ、交渉での協議もそのようにすすんだ。いいかえれば、日本を明朝の構想する世界秩序のなかにとりこむかどうか、が問題となっていたのである。

だからそこに、豊臣政権の企図や主張は見えてこない。秀吉の基本方針は、朝鮮が日本に服属して、明朝征服の先導をする、ということであったはずで、それは明朝の思い描く世界秩序からまったく逸脱している。朝鮮出兵はそのためにはじまったのであるから、戦争をしかけた豊臣秀吉、あるいは日本全体からみれば、中華王朝の冊封や朝貢の許可など、ほとんど問題ではあるまい。

秀吉の真の利害関心がどこにあったのかは不明である。本気で明朝の征服を考えていたとすれば、正真正銘の誇大妄想だが、実際はそれほど単純ではないだろう。ともかくも、政権全体として明朝の世界秩序を理解し、そこに甘んじて入る、という姿勢でなかったことだけは確かである。

そしてそういう日本側の姿勢そのものを、明朝側もまったく理解していなかった。したがって講和交渉は、それだけで平和をもたらそうと考えてのものだったとすれば、前提から誤っていた、といわざるをえないし、現実に決裂してしまう。にもかかわらず、交渉が曲がりなりにもすすんだから、理解しづらいのである。

いずれにせよ、日明の講和が破綻をむかえ、両者あいゆずらずに戦役が再開しては、もはやそれをとめるものは、戦役そのものの企画者であり、拘泥者である秀吉の存在の消滅しかなかった。一五九八年の豊臣秀吉の死去は、ようやく戦争の中止をもたらす。けれども、朝鮮出兵が投げかけた課題は、何も解決していなかった。

その課題とは何か。たしかに秀吉の発想や行動は、かれ特有のものだったかもしれない。しかしそれは、かれ一人の問題にとどまらない。好むと好まざるとにかかわらず、そんなかれに唯々諾々としたがった当時の日本人も、当時の明朝・朝鮮の有する秩序体系になじまなかったことでは、秀吉と何らかわるところはないからである。

そんな日本をどうするのか。大航海時代以降に勃興した、自らの論理が通らない、しかも軍事的に大きな脅威となりかねない隣人との関係をいかに構築するのか。それは国土を蹂躙された朝鮮政府の死活の問題であると同時に、隣接する中国を統治すべき王朝の重大な問題でもあった。

しかもそうした課題は、決して日本列島だけにとどまらなかった。極東で日本を勃興せしめ、史上未曾有の戦争で幕を閉じた一六世紀は、それで完結せずに、さらに新たな勢力の興起をみる一七世紀に接続するのである。

3　胡乱

北虜南倭

明末の随筆、謝肇淛《しゃちょうせつ》の『五雑組《ござつそ》』に、当時の明人の世界観を示す、人口に膾炙した一節がある。

夷狄の諸国、朝鮮より礼義を重んずる国はなく、交趾より肥沃な地はない。韃靼《だったん》より剽悍《ひょうかん》な人々はなく、倭奴《わど》より狡猾な人々はない。琉球より醇朴なところはなく、真臘より富めるところはない。……そのほかは要するに、叛こうが帰服しようが、中国《われわれ》にとってたいした問題ではない。ただ北虜南倭《ほくりょなんわ》が脅威となるのが心配なだけだ。その次は女直あるのみ。

ここにもいうように、明代も後期になってからは、北虜南倭の時代であった。この言葉は明朝の立場から見て、北方草原から来る「剽悍な」「韃靼」のモンゴル人、南方海洋から来る「狡猾な」「倭奴」

の日本人の脅威をいいあらわしたものである。

しかしそれは、客観的にみて、じつに明朝じしんがまねいた危機的な情勢だというのは、すでに常識となっている。

当時の用語をつかえば、「華」と「夷」とを峻別して、人・地を分断する、というのが、明朝のイデオロギーであり、対外体制であった。長大な海岸線で施行した海禁と今も残る壮大な万里の長城とは、その分断を物理的に実現しようとしたものである。

しかしそんな思考と行動は、一六世紀における世界規模の銀の奔流と、それとあいまった中国の社会経済の活性化という趨勢に逆行し、もはや時代の体質にあわないものとなっていた。明朝政府の交通、貿易、金融の統制、そしてそれを裏づける世界観に対して起こった、いわばアレルギー症状が北虜南倭だったのである。

北虜にしても南倭にしても、中国との貿易を求め、ままならなかったすえの騒擾であって、いわば公然たる密貿易の欲求と存在がその前提にある。

倭寇が日本人ばかりではなく、華人をはじめ、さまざまな人々から成り立っていたのは有名だが、それは北虜にしても、まったく同じことであった。華人と夷人とが商業を通じて渾然一体となり、武装組織を結成して、密貿易をおこない、官憲の弾圧に抗していたのである。

明朝の北辺と沿海、華夷を分断するはずの海陸の境界線には、こうした華夷一体の武装商業集団を中核とする共同社会が形成されつつあった。種族や言語のちがいをこえた、数あるこの共同体のなかから、次の時代をになう勢力が誕生する。

それはしかしながら、北虜でも南倭でもなかった。謝肇淛が「その次」に位置づけた「女直」の人々、すなわち遼東《りょうとう》地域のジュシェンである。

明代のジュシェン

そのジュシェンははじめ、まことに微弱な勢力であった。人口の数だけでみても、南方の中国大陸はおろか、朝鮮半島にもはるかにおよばない。

古来、「女直《ジュシエン》の兵は」万に満たない、といわれた。絶対数が少ないことはもとより、小集団に分かれて団結しなかったことの表現である。しかし遊牧狩猟をなりわいとするかれらは剽悍無比であって、「万に満つれば敵すべからず」と称せられた。

一二世紀、急速に勃興して遼・宋もろとも滅ぼし、金王朝を建てたこともある。モンゴル帝国に金朝がほろぼされたのちは、ふたたび小勢力の分立状態にもどって、明朝のはじめにいたって、洪武《こうぶ》帝《てい》・永楽帝のもとに帰順した。

明朝はジュシェンを地理的に区分して一種の間接統治をおこなった。大まかにいって、遼東半島に近い建州《けんしゅう》、その北に位置する海西《かいせい》と、それより東に位置する野人《やじん》の三つに分けることができる。

以来かれらは、明朝・朝鮮と平和裡に交易をおこなう関係にあった。とりわけ人参や真珠、貂《てん》の毛皮がその特産品である。この高級物産に対する需要がやがて、次第に高まってきた。いうまでもなく、一六世紀の大航海時代とそれにともなう商業ブームがもたらした影響である。地理的な条件からいって、とくに日本との関わりが大きい。

朝鮮半島方面に流れ込んだ日本の銀は、絹製品や綿製品など中国物産の買付にあてられ、その一部は銀の対価として、日本へ運ばれる。輸出元の中国の側はもとより、いわば中継の位置にある朝鮮半島も、貿易の利益にあずかって、それがジュシェンの特産品に対する需要をうみだした。そして、往来交易が頻繁になればなるほど、それにまつわる紛争もふえてくるのは、理の当然である。

強大な隣国が忌むべき存在であるのは、古今東西、歴史の鉄則である。ジュシェンが小集団に分かれて忠順なうちは、明朝も朝鮮も安心だが、離叛する動きには神経をとがらせた。

朝鮮の世祖《せいそ》代、かの申叔舟は北方の野人を討伐し、建州の李満住《りまんじゅう》が明朝に叛くや、やはり世祖は康《こう》純《じゅん》らを派遣し、明軍と挟撃して李満住を捕縛、殺害した。一五世紀のうちはなお、ジュシェンは明朝と朝鮮の脅威たりえなかったのである。

ヌルハチの興起

ところが一六世紀も後半になると、情勢はかわってくる。明朝では北虜の軍事的脅威が増大し、密輸はますます盛んになりゆくなか、遼東の辺境でも武装商業集団の活動が顕著になってきた。

遼東の瀋陽《しんよう》・撫順《ぶじゅん》・開原《かいげん》をふくむ明朝の領域は、ジュシェンの居住地域のなかに、楔を打ち込むように突き出している。柵・塁をめぐらせた辺牆《へんしょう》というその境界が区切る内側と外側で、商業に依存す

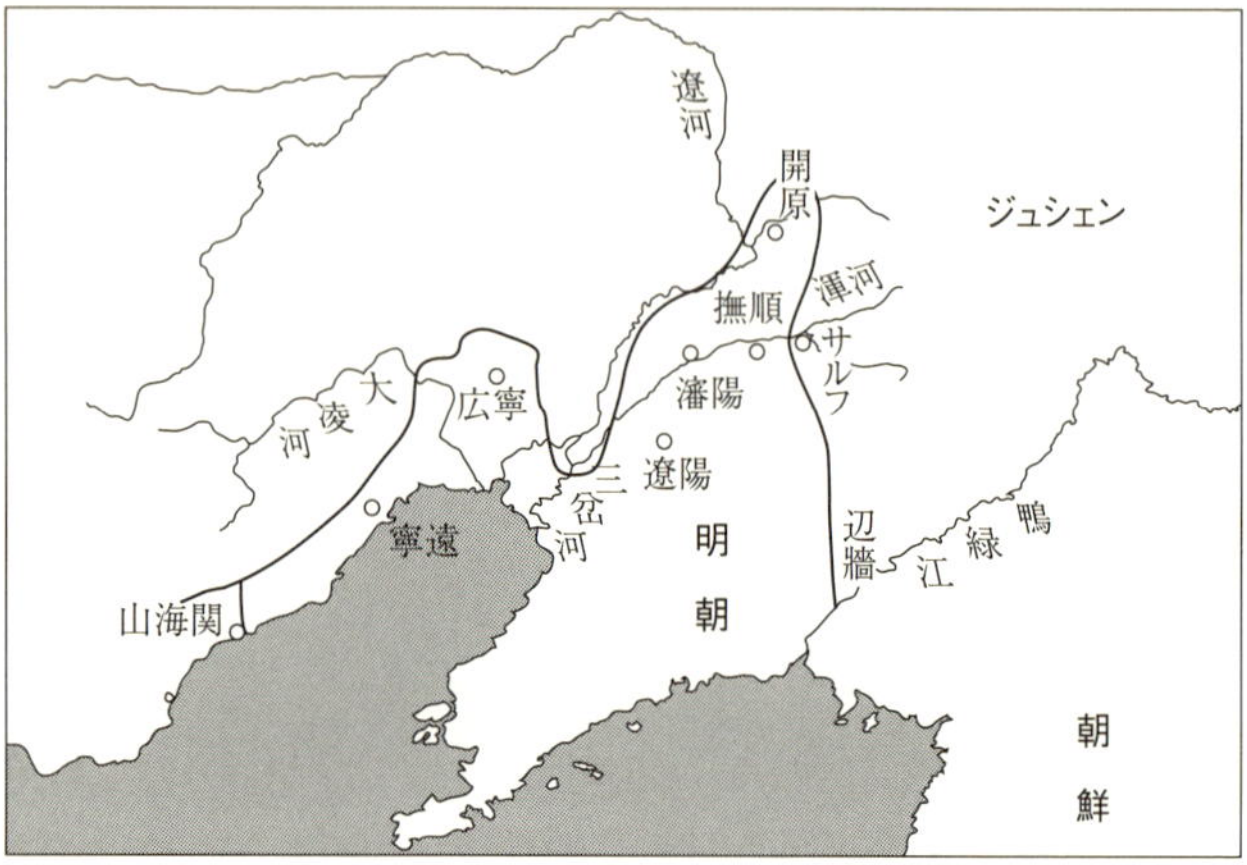

明末遼東地方

る大規模な軍閥があいついで興ってきた。その一人であり、最後の成功者が、明朝の辺牆と鴨緑江にはさまれた地を本拠とする建州のヌルハチ、のちに清の太祖とよばれる人物である。

ヌルハチが挙兵したのは、豊臣秀吉の朝鮮出兵にさきだつことおよそ十年、一五八三年のことである。父と祖父を殺害した、明軍と通じるニカンワイランを攻めるため、立ち上がったのだが、したがったのは百人の兵、うち鎧をつけた者は三十というごく微々たる勢力でしかなかった。これが以後、東アジアの歴史を大きく変える動きのはじまりになるとは、当時おそらく誰も想像しなかったであろう。

その五年後、ヌルハチは自らの属する建州一帯の対抗勢力をほぼ討ち滅ぼした。かれがこうして統一した、ジェチェン・フネヘ・スクスフ・ワンギヤ・ドンゴの五部をマンジュ国《グルン》という。「文殊菩薩《もんじゅぼさつ》」の原語「マンジュシリ」を語源とするこの言葉は、やがてジュシェンにかわって、種族をさす名称となった。満洲族というのは、ここに由来する。

西に隣接する明朝の当局者は、ヌルハチの動きをさまたげなかった。その勢力を許容し、安定した交易の窓口としておくことが得策だとみたからである。

それを主導したのは、遼東で三十年にわたり勢力をふるった大軍閥の李成梁《りせいりょう》。当時の力関係からみれば、むしろヌルハチは李成梁の庇護のもとに成長できた、といったほうが肯綮に当たっている。

李成梁の勢力もヌルハチのマンジュ国も、辺境の商業ブームに乗じてあらわれたもので、その本質はかわらない。それぞれがさきに述べたような華夷混成の武装商業集団であり、当時は両者が辺牆の内外で共存する態勢にあったわけである。

そんななかで、起こったのが豊臣秀吉の朝鮮出兵であった。李成梁の子李如松《りじょしょう》も従軍したこの戦争に対するヌルハチの動きは、必ずしもつまびらかではない。はっきりしているのは、朝鮮政府に援軍を申し入れて、拒絶されたことくらいである。朝鮮の国土を荒廃させ、明朝の財政を破綻させたこの戦役は、しかしネガティヴな影響を及ぼしたばかりではないだろう。

明朝の出兵にともなって、莫大な人員・物資が移動した経路にあたる遼東地域が、いっそう経済的に活気づいても不思議ではない。そして朝鮮出兵が終わるとともに、一七世紀の幕が開けると、この地域にも大きな転機が訪れようとしていた。

アイシン国の成長

ヌルハチの急速な成長に脅威を覚えた海西のジュシェン、フルン部が近隣のモンゴル族コルチン部と連合して、戦いを挑んだ。一五九三年のことである。ヌルハチは三万の大軍をやぶって勝利した。その勢力はさらに拡大して、全ジュシェンを統合する道がいっきょに開けてきたのである。

こうなってくると、はじめヌルハチの存在を許容していた明朝も、警戒せざるをえなくなってくる。双方の対立が決定的になったのは、ヌルハチを庇護し、良好な関係を保ってきた李成梁が失脚したことにある。時に一六〇八年、これを境に明朝は、ヌルハチを敵視する政策へ転換し、その敵対勢力を支援しはじめた。それでもこのときは、両者は歩み寄って、すぐには破局にいたっていない。

いっぽうヌルハチも全ジュシェン統合の勢いを得るや、明朝に対していっそう強気の姿勢で臨むようになっていた。人参・貂皮《ちょうひ》の二大特産品を一手に握って、貿易を有利に進めようとしたのは、武装商業集団の面目躍如といったところだが、ほかにも、漢人移民のあつかいや境界の設定など、紛争はたえなかったのである。しだいに対立が深まり、一六一〇年代の後半に入ると、衝突はもはや時間の問題となっていた。

ヌルハチの挙兵から死去にいたるまで、およそ四十年。戦争にあけくれた毎日だったが、その生涯は、大まかに前の三十年間と残り十年間とに分けて考えるとわかりやすい。前者は明朝と協調して、ジュシェンの統一につとめた時期、後者は明朝と公然たる敵対の関係になった時期である。

前者ではかれの国をマンジュとよび、後者ではとりわけ対外的にアイシンと称した。アイシンとは満洲語で金を意味するので、漢字では一三世紀の金朝と区別して、後金とよぶのが通例である。

全ジュシェンをほぼ統一したヌルハチは、一六一六年、その君主、ハンに即位した。あからさまに敵対の姿勢を示す明朝との来るべき対決にそなえて、体制の整備、内部の結束に着手したのであろう。

そしてその二年後、明朝との対決を決意、宣言し、翌一六一九年、サルフの戦いで明朝と朝鮮の連合軍を破って大勝、最後までしたがわなかったフルンのイェへ部を併呑する。

そればかりか、辺牆を越えて、明朝が領有し漢人が多数をしめる地域に進攻、一六二一年には瀋陽・遼陽《りょうよう》を陥れ、遷都するにいたった。百人の挙兵からはじまった眇乎《びょうこ》たる武装集団は、華夷混成の社会を基盤とする国家に成長をとげたのである。

ヌルハチ即位図（『満洲実録』より）

丁卯胡乱

ハン即位から五年間でヌルハチがとげた急成長は、遼東地域の勢力バランスをすっかり変えてしまった。それまでは、明朝と朝鮮が二大勢力であって、その間はいわば空白地帯であった。だからこそ、明朝と朝鮮との、同じ世界観・秩序体系を有する二国間直接の宗藩関係も、支障なく保たれていたといえる。

ところが明朝と朝鮮との間に、理念・秩序を異とし、しかも軍事的に勝るとも劣らない一大勢力が介在するようになっては、その宗藩関係も無条件で、円滑に継続できるとはかぎらない。そこで去就に頭をなやませたのが、より弱体で、アイシンにより近接する朝鮮である。

ときに朝鮮の国王は光海君《こうかいくん》。そのあたりの事情を知悉しており、明朝への礼は守りながら、しかもアイシンと誼を通じようとして、心をくだいた。ヌルハチ勃興の情勢に迷ったあげく、サルフの戦いでは明朝に一万の援軍を送ったが、その司令官の姜弘立《きょうこうりつ》は、ほとんど干戈を交えず、ヌルハチに降服した。

ヌルハチもさる者、朝鮮の明朝への荷担をとがめだてはしなかった。明朝はアイシンにとっては依然、強大であるし、地理的・歴史的な条件に鑑みれば、朝鮮が明朝にくみするのは当然である。ヌルハチも当時の朝鮮側の事情をみぬいていたのであろう。明朝と対立を続ける以上、首鼠両端の朝鮮を硬化させて、みすみす敵対側へおいやるわけにいかなかった。

西進をつづけるヌルハチは一六二六年、寧遠《ねいえん》で敗れた。ポルトガル製の大砲に屈したのである。常勝将軍といっていいかれの最初で、また最後の敗戦であった。ヌルハチは二度と戦うことなく、まもなく世を去る。

後を継いだホンタイジをとりまく情勢は、いっそう厳しくなっていた。明朝に対して軍事的に劣勢だったのみならず、南の隣国、朝鮮の政情も変化していたからである。一六二三年に光海君を廃して仁祖《じんそ》を擁立するクーデタがおこり、アイシンとの関係維持に腐心した政権から、攘夷を標榜してアイシンを敵視する政権にかわった。明らかに腹背に敵をうける形勢となったのである。

一六二七年、ホンタイジが即位して早々、姜弘立ら降服した朝鮮人に先導させて、朝鮮に出兵した目的は、こうした形勢の打開にあった。朝鮮ではこれを「丁卯《ていぼう》胡乱」と称する。朝鮮側はアイシン敵視に転じていたにもかかわらず、まったく不意をつかれて大敗、江華島《カンファド》に逃れた仁祖は、屈服せざるをえなかった。アイシン側は圧倒的な優位に立ち、兄としてアイシンにつかえること、アイシンに兵をおこさないこと、などの条件を朝鮮にのませて講和する。

こうした経過と結果を見てわかるのは、朝鮮が明朝と結んで自分たちを挟撃する、そうした事態をいかにアイシン側がおそれていたかである。このときはまだ、根底から朝鮮との関係をかえようとする意図は希薄で、明朝と敵対する自分たちの後顧の憂いを断つのが、主たるねらいであったように思われる。

もっともそれを実現するには、この条件だけでは不可能であった。アイシンからすれば、自国への不可侵を確実なものとするには、朝鮮に明朝との関係をみなおさせなくてはならなかったからである。もちろんホンタイジがそれを悟らなかったわけではない。しかしその解決を決断するには、なお十年の歳月を要したのである。

4　華夷変態

清韓関係の前提

アイシンと朝鮮との関係は、ともかくも丁卯胡乱で、新しい段階に入った。これを両者ともに「兄《けい》弟《てい》」の関係と表現するが、これはわれわれにはわかりにくい。

このように親族・血縁の間柄に仮託して、双方の君主、国家の関係のありようを示すやり方は、これまでも東アジアで行われてきたものである。たとえば、一一世紀における宋の真宗《しんそう》と遼の聖宗《せいそう》は同じく兄・弟、一二世紀の金の世宗《せいそう》と宋の孝宗《こうそう》は叔《しゅく》・姪《てつ》であった。

前者が対等、後者は優劣のニュアンスが濃いものの、これは一方が他方を圧倒できない場合、ともかくも平和裡に共存する関係を象徴したものである。象徴するというだけで、たがいの関係の細部まで規定、拘束してしまうものでは必ずしもなかった。関係そのものはやはり、当事者それぞれの利害と勢力のバランスによって決まる。

アイシンと朝鮮の場合において、いいかえてみよう。両者たがいに「兄」「弟」という名辞は了解したものの、それをどう意味づけるかは、それぞれの立場と利害、力量によるのであって、双方の解釈が一致していたとはかぎらない、ということである。

このあたりの事情は、丁卯胡乱の講和交渉にうかがうことができる。

「朝鮮が心から和を求めるなら、もはや明朝につかえる必要はない。その関係を絶って、わがアイシンを兄とし、自らを弟とすればよい。たとえ明朝が怒ったとて、われわれは隣国どうし、協力すれば何の恐れることがあろう」

この要求に対して、朝鮮側は、

明朝との関係断絶要求は、大義のかかわるところなので、断じて容認できない。兄弟という名分は、争わなくともよい。

と判断して、答書を送った。

「我が国が明朝に臣としてつかえること二百余年、名分はすでに定まっていて、二心など持てようか。我が国は弱小ではあるけれども、かねて礼義で知られた国である。それが一夜にして明朝に背くとあっては、貴国も我が国を何と思うだろう。事大と交隣にはそれぞれの道がある。いま貴国と和せんとするのは、交隣のゆえであり、明朝につかえるのは、事大のゆえである。両者は同時におこなったとて、矛盾をきたすものではあるまい」

この言い分に、アイシン側もけっきょくは納得した。

「なるほど貴国は礼義の国である。これほどの危機にあっても、節を曲げないのは立派なものだ、明朝に背かないというなら、そうしてよろしい」

この切り結ぶようなやりとりは、『朝鮮王朝実録』におさめる明朝あて報告文から引いたものである。したがって、明朝に向けアピールすべき朝鮮の立場を記述してあるにすぎない。「兄弟という名分」を「交隣」とみなし、明朝に対する「事大」もやめない、というのは、朝鮮の対外関係のありようを従前と何ら変えていないにひとしく、これをアイシン側がみとめた、というのが『朝鮮王朝実録』の、ひいては朝鮮朝廷のいいたいところなのであろう。

その一方で『朝鮮王朝実録』には、朝鮮側が書面に明朝の「天啓」という年号をつかっていることをアイシン側がとがめて、これに抗議をつづけた、との記事もある。年号の使用は服属のあかしにほかならない。アイシン側はくりかえし、「天啓」を自らの年号の「天聡」にさしかえるよう求め、けっきょく「天啓」を使わず、干支のみで年月日を表現することにおちついた。

もちろんアイシンの側に、こんな記録は存在しない。アイシンの記録として残っているのは、「アイシンの使臣も、明朝の使臣と同じ待遇にせよ」という要求、あるいは、「遠く明朝と交わるよりは、近くのアイシンと交わるほうがよい」という朝鮮国王の発言である。

ここからは、朝鮮は明朝との関係を絶つべし、少なくとも、明朝のみを尊しとする観念をあらためて、アイシンを劣らず尊重すべし、との主張が浮かび上がってくる。『朝鮮王朝実録』の記す、講和にあたって、「天啓」という年号を使用しないよう執拗に迫ったところにも、その意図がにじみ出ている。そしてアイシンの側は、「兄弟」の関係をとりむすんだことで、それが約された、と考えたのである。

どちらの記録が正しいのか、という問題ではない。同じ講和交渉にあい臨み、同じ「兄弟」という文言を共有しながら、それぞれの立場と認識に、これほどの径庭があるところに注目すべきなのである。「兄弟」の関係におけるギャップは、このように当初から、両者のあいだに横たわっていた。いずれ決着をつけなくてはならない問題だったのである。

清朝の成立と丙子胡乱

ヌルハチが挫折した寧遠城を、ホンタイジも抜くことはできなかった。アイシンはそれでも、しだいに勢力を拡大していた。とくに一六三四年のモンゴル遠征は、その一大画期となる。

この遠征で、西隣する現在の内モンゴル、チャハル部がアイシンに帰順した。すでに全ジュシェン、そして遼東に居住する漢人の君主であったホンタイジは、モンゴル族にも君臨するにいたる。

満・蒙・漢三族共有の君主となったわけで、それにふさわしい地位も必要となった。

そこでチャハル部から獲た大元伝国の玉璽《ぎょくじ》をもって、モンゴル帝国の大カーンの後継者に擬し、満・蒙・漢三族の推戴をうけて皇帝に即位した。時に一六三六年、国号を「大清国《ダイチングルン》」として、年号を崇徳とあらためた。清朝の成立である。

アイシン、清朝は実力はともかく、これで明朝と肩をならべる対等の地位となる。別の面からみれば、明・清はあい容れない存在ともなった。儒教的な理念からいうなら、皇帝は天子であって、天命を受けた存在であるため、天が二つない以上、天命も天子も唯一無二であるはずだからである。そうした理念に忠実な朝鮮は、またもや難局にたたされるにいたった。

そもそも朝鮮の向背は、ホンタイジの皇帝即位にあたって、一大問題となっていた。かれが新たに征伐したのはモンゴルと朝鮮であり、前者がすすんでホンタイジを皇帝に推戴しようとしたのに対し、後者はまったく関知していなかった。

ホンタイジからみれば、「モンゴルは我が子弟、朝鮮国王も我が弟であ」り、同じ立場にあるはずの両者が、異なる行動をとるのはおかしいから、皇帝推戴を朝鮮国王にも知らせよ、と命じる。そこで清朝政府の重臣とモンゴルの君長との連名で、朝鮮国王にあて、「すみやかに国王近親の子弟をつかわし、ともに推戴すべし」と勧告する書翰を送ることになった。

この書翰をたずさえたアイシンからの使者が、朝鮮に着いたのは一六三六年の春。その目的が伝わるや、果たして朝鮮朝廷の議論は沸騰し、けっきょくこの書翰は受理されなかったのである。

朝鮮の推戴がないまま、大清国皇帝に即位したホンタイジは、同じ年の末、自ら十三万の兵をひきいて朝鮮へ出兵する。清韓の関係はふたたび、破局をむかえた。いわゆる「丙子胡乱《へいし》」であり、その規模と被害はもとより、後の時代に対する影響という点でも、さきの丁卯胡乱の比ではない。

丙子胡乱の発端として、朝鮮への皇帝推戴勧告をホンタイジがいいだした、と上に述べたところは、清朝側の記録によったものである。しかしホンタイジ自身、朝鮮がそのよびかけに応じる、と本気で信じていたわけではあるまい。

なるほど理論的には、朝鮮が勧告にしたがい、モンゴルとともに推戴したならば、清朝の属国ではなく、モンゴルと同じ藩部となっただろう、という仮説もなりたつ。けれどもそんなことが当時、現実にありうるとは、誰も思わなかったであろう。

これはむしろ、明をすてて清につくかどうか、朝鮮に最終的な決断を迫ったとみるほうが適当である。そして案の定、拒絶の姿勢をみてとるや、ホンタイジが親征にふみきったのは、十分に四囲の情勢をみきわめたうえで、全力を朝鮮に注いでも不安はない、と判断したがゆえのことであろう。

清朝の建国、皇帝の即位と考え合わせれば、丙子胡乱はたんなる朝鮮への出兵にとどまらない。朝鮮じしんが棄てようとしない事大関係、ひいては明朝が固執しつづける秩序体系そのものを変えようとする挑戦であった。

「兄弟」の関係とは何か

清朝の側としては、つとに丁卯胡乱の段階で、朝鮮を服属させたつもりであった。ホンタイジが皇帝に即位する時も、書面でそう断言している。

かれらにとって、「兄弟」関係という表現は、それをいいあらわしたものであり、朝鮮は明朝以上に、清朝を尊重してしかるべきだった。だから清朝側の言い分は、書翰を受理しなかった、皇帝推戴をこばんだ朝鮮国王のほうが「盟約にそむいた」、「兄弟和好の誼をやぶった」ということになる。

ところが、朝鮮側は「兄弟」関係を従来の交隣関係、つまり朝鮮と対等にすぎないもので、明朝に対する事大関係も別に厳存する、としかみなそうとしなかった。当時もっとも激烈な排清主戦論者であった諫官洪翼漢《こうよくかん》の上疏に、

この地上に生まれ落ちて以来、天子といえば、大明の天子しか聞いたことがない。かの虜《えびす》がわが国俗を野蛮化し、わが君臣を隷属させて、天子になろうとするなど、もってのほかだ。我が国はかねて礼義をもって聞こえ、天下に小中華と称せられているのだ。(『朝鮮王朝実録』)

とあるのは、多かれ少なかれ、朝鮮の人々に共通する心情だったであろう。

だからといって、書翰を受理しないまま黙殺するわけにもいかず、返書を出すには出した。そこでもまさか、あからさまに清朝を「虜」と罵るわけにはいかない。「まったく兄弟としてあい敬う意思

がみえず、まるで奴隷に対するかのようであった」と記すのは清朝側の記録におさめるもの、『朝鮮王朝実録』にはさらに別の書翰として、「そちらも、朝鮮が明朝にそむかないのは善意である、といって、交隣の契を定めたのだ」という文面もある。後者は清朝に受理されなかったものの、朝鮮の言い分はつまり、清朝のほうが「兄弟」の関係に背いているのだ、と非難するにある。

清韓双方ともに同じ「兄弟」関係という名辞に拠りながら、その意味を各々まったく別のものととらえていたのは明らかである。

清朝の立場からみれば、「兄弟」の関係というばかりでは、朝鮮を明朝から完全にひきはなすことはできない。それなら、その関係をあらためるほかはない。皇帝推戴をすればよし、できないのなら実力行使。かくて、丙子胡乱が現実となった。

清韓宗属関係

鴨緑江をこえて義州《イジュ》から朝鮮半島になだれこんだ清朝軍は、国王仁祖を南漢山城《ナマンサンソン》に囲んで屈服させた。朝鮮が降服するにあたっては、誰の眼にもわかるように、受降壇を設けて仁祖自ら、ホンタイジに降服の礼をとる、という念の入った演出をほどこした。いまなお残る三田渡碑《サムジョンドビ》は、この事実を永く伝えるため、受降壇の故地に建てられた清太宗《たいそう》の功徳碑である。

時に一六三七年二月二四日。ホンタイジがそこで朝鮮におしつけた条件は、明朝との関係を断絶し、清朝と事大関係をとりむすぶこと、年号の使用もふくめ、その朝貢・儀礼の手続いっさいは、明朝との旧例にしたがうべきことであった。

清朝の側からすれば、朝鮮の服属はつとに十年前から既成事実であった。ところが「兄弟」関係のままでは、朝鮮の側が自らの服属を納得しないので、明朝流の宗藩関係を強要したわけである。元来は服属が先にあって、朝鮮にそれをリアルに思い知らせるための条件だった。

儀礼手続だけをみれば、明朝とのあいだにあった関係を、そっくりそのまま清朝に切り換えたにすぎない。しかしながら、その背後にある意図や情況は、もちろん大いに異なっている。

明朝は当時、なお厳然と存続しており、しかも強大である。くわえて朝鮮の心情としては、つかえるべき上国は明朝にほかならない。その情況で朝鮮をそむかせず、服属させつづけるには、清朝も鷹《おう》揚《よう》寛大にかまえているわけにはいかなかった。

だからこの時期の清韓関係は、明代そのままの宗藩関係とはなりえない。朝鮮の王世子が人質として瀋陽に抑留されたり、歳幣の負担や明朝攻撃の援助を強いられるなど、朝鮮にとって苛酷なものとならざるをえなかったのである。

そこで清韓の関係は、明朝・朝鮮の宗藩関係と区別するため、とくに「宗属」関係と呼ぼう。この関係でも、朝鮮はひきつづき藩属といわれるけれども、やはり区別のため、本書では一貫して、属国と称することにしたい。

日朝交隣関係のゆくえ

さて、ホンタイジが朝鮮に強要した条件のなかに、日本との貿易は旧来のまま継続することを許す、ただし日本の使者が来たら、清廷まで案内せよ、しかるのち清朝も日本に遣使する、との条項があった。朝鮮と日本が通交するのは別にかまわないが、日朝があい携えて明朝と結び、清朝に対抗することを警戒してのことである。清朝は以後ことあるごと、日本に対する朝鮮の動きに神経をとがらせることになる。

その朝鮮は、朝鮮出兵からまもない徳川政権の成立直後に、日本との通交を回復していた。一六〇五年、朝鮮の使者が徳川家康・秀忠と伏見城で会見し、一六〇九年には、朝鮮に赴いた対馬の使者が、基本的な通交・貿易の規定をとりむすんでいる。この規定を己酉《きゆう》約条という。

もっともこの関係回復には、裏がある。耕地の乏しい対馬は、朝鮮との中継貿易で生計をたてていたから、朝鮮出兵後は、一刻も早い通交と貿易の復旧をのぞんでいた。そこで徳川政権と朝鮮との間に立ち、両者のやりとりする国書を改竄《かいざん》、あるいは偽造することで、日朝関係を修復してみせたのである。

とりわけその対象は、徳川将軍の国際的な称号にあった。朝鮮側は君主が国王であり、従来からの対等な交隣関係によって、「国王」の称号を明記した国書でないと受理できない。それに対し、日本では足利義満より後には、臣下が「国王」とは書かない先例があった。天皇に対し不敬、中華王朝に対し卑屈に失するとみなされたからである。

対馬藩はこうした食い違いをうめるため、いわば組織ぐるみで、国書に手を加えた。いったん改竄に手を染めると、それが発覚しないようとりつくろうために、さらなる改竄が必要となり、やがて常習化していったのである。

ことは国書であるから、いかに熟練し、巧妙であっても、大きな危険を冒していることにかわりはない。対馬藩の内部が結束しているうちはまだしも、そうでなくなれば、露顕して大きな紛糾をもたらしかねない。

果たして二十年あまりのち、対馬藩で御家騒動がおこると、日朝の国書を改竄偽造していた事実が明るみに出て、国際的な大事件となった。いわゆる柳川一件である。その結果、日朝の通交は、貿易をふくめ、日常的なものを対馬がうけもち、国家規模のものは朝鮮通信使を通じて、幕府が直接あたる、という体制がかたまった。徳川将軍の称号が「大君《たいくん》」とさだまったのもこのとき、一六三五年から翌年にかけてのことである。

あたかも清朝が成立し、丙子胡乱が起ころうとしていた。そうした遼東情勢と日朝関係の再編定着とは、けだしとりわけ朝鮮側の動機において、無関係ではあるまい。

したがって、この日朝関係もひきつづき、交隣関係と称するけれども、やはり戦国時代以前の交隣関係とは、区別して考えるべきだろう。日本における「大君」という外交主体の確立、対馬がはたす役割の確定、朝鮮が派遣する使節の定式化、恒例化など、それまでにはなかった要素によって、以前よりも安定した関係になったからである。

そのため朝鮮としては、このうえさらに清朝をまきこんで、関係を複雑化、紛糾させるのは、なるべく避けたい事態であった。清朝側の求めに対し言を左右にして、日本の使節を清朝とは通ぜしめず、日本の事情を通報するだけにとどめていた。

日本の側でも、すみやかな明朝との国交回復と貿易再開を望んだ家康の時代から数十年たって、積極的に中華王朝との関係をとりむすぼうとする姿勢は失われ、いわゆる鎖国の体制を固めつつあった。日本と清朝との間で、政府直接の政治的な通交はけっきょく、実現しないまま推移したのである。

明清交代

一六四四年、明朝は流賊李自成《りじせい》の攻撃をうけてあえなく滅亡、まもなく清朝が山海関《さんかいかん》を入って北京に奠都《てんと》し、中国に君臨した。

後世から事情をながめるわれわれは、この明清交代を必然とみなす。明末の弊政、清朝の勃興、そうした趨勢のゆきついた結果である、と。しかし当時の人々には、まさか思いもよらない事態である。

この明清交代を日本人は「華夷変態」と称した。中華の明朝が夷狄の清朝に態（すがた）を変えた、というにある。これはまず、明朝から清朝にかわった王朝交代の謂であるが、それだけにはとどまらない。夷が華に取って代わった、という到底ありうべからざる世界秩序の転換をも意味する。

それは中華が夷狄になり果てた、あるいは、夷狄でも中華になれる、という観念を生みだして、東アジアの世界観を根底から揺るがし、各々の種族に一種のナショナリズムをいだかせた。それが清朝、朝鮮、日本の支配イデオロギーに大きな影響を与え、新たな時代の秩序形成をうながすことになる。

一六三七年から四四年、明清並立の八年間、本家本元の中華たる明朝が厳然と存在するなか、夷狄の清朝に宗属関係を強いられて臣事するのは、「小中華」を自任する朝鮮にとって苛酷きわまりないものだった。しかしそうした苦悩を最終的に、朝鮮側の観念のなかだけに押し込めたものは、明清交代にほかならない。

歴史にイフは禁物だが、史実のもつ意義をはっきりさせるには、有効な場合もある。もし明朝が健在なまま存続したなら、清韓の宗属関係はとりもなおさず、過去との断絶になって、東アジアの秩序体系、各国の対外関係そのものが、一七世紀からもっと複雑な構造を有していたかもしれない。

ほどなく明朝が滅亡し、清朝が中国に君臨してその後継者となったから、明代と清代とはさして矛盾のない継続のように映るだけなのである。清朝は朝鮮と宗属関係をむすびなおし、明代の宗藩関係を継承する形をとったばかりでなく、それを以後、他国と関係をとりむすぶ一種の先例、基準とした。

人質となっていた朝鮮の王世子も解放され、帰国した。さらに海上勢力の攻撃を恐れて、海外諸国との関係は朝貢と貿易を受けつけるにとどめ、それ以上を積極的には求めなかった。

すべては清朝の中国支配がもたらした新たな局面なのであって、これとちがった史実展開も、当時としては十分ありえた。朝貢システムなどの概念をもって、明代と清代を連続する同一の秩序体系とみなすことは、しょせん表面的な事象にとらわれた結果論でしかない。

それでは、何が異なるのか。一六世紀の大航海時代をへて、史上未曾有の新たな形勢が、東アジアに出現したことである。政治的・経済的な勢力として、日本列島と遼東地域が勃興したこと、それにともなって、介在する朝鮮半島が地政学的重要性を増大させたことにほかならない。

朝鮮半島が一六世紀末に南方から、一七世紀初めには北方から、あいついで蹂躙された事実が、そうした事情を何よりも雄弁に物語っている。豊臣・徳川の統一といわゆる鎖国に帰結した日本の動き、ジュシェンの統一と皇帝即位、そして中国君臨に帰結した清朝の動き、膨張する両者のはざまにあって、自己の矜持にこだわり、戦火に苦しみながらも、ついに日清と平和的な関係を結ぶにいたった朝鮮の動き。

これらはすべて、この激動期の新局面をいかに収拾するか、その試行錯誤のあらわれであった。それがゆきついたところに、清韓の宗属関係と日朝の交隣関係が位置する。地政学的な構造変動をつづけてきた東アジアの局面は、一七世紀の半ばにいたって、ようやく安定するにいたったのである。

したがってその安定は、つきつめれば朝鮮が、新興勢力の清朝と日本に対し、良好な関係を維持できるかどうかにかかっている。そうした関係はもちろん、朝鮮の側だけで成り立つものではなく、相手も承認しなくてはならない。いいかえれば、宗属関係と交隣関係が円滑に継続するには、それぞれをみとめ、うけいれた朝鮮の政策はもちろん、清朝の中国支配と徳川政権の安定も必要条件だった。

だとすれば宗属関係も交隣関係も、まったく固定不変なものではありえない。安定しているときはともかく、ひとたび不安定になれば、その内容に疑問が生じかねないし、たとえ同一の事件、文言に臨んでも、各々の認識、論理が異なることもありうる。

それは以上にみた歴史過程がすでに経てきたところであって、いわば歴史的に刻印、前提されたものであった。一七世紀後半、動乱のはてに安定をみた東アジアは、二百年を経過してふたたび、激動の局面を迎える。

第二章 「属国自主」の形成

1　西力東漸

交隣関係のしくみ

一七世紀の半ば、東アジアに成立した新たな秩序体系の存続期間は、日本では江戸幕府、朝鮮では李朝の後半期、中国では清朝の時代とちょうど重なり合う。それぞれの政権は一九世紀の半ばまで、ほぼ安定しており、たがいの関係もしたがって、目立った破綻はないままに継続したといってよい。

日朝のあいだには、対等な交隣関係がある。貿易をふくむ日常的な通交は、もっぱら対馬藩と朝鮮の東萊府《トンネ》があたり、政権レヴェルでは、朝鮮通信使が不定期に来日し、江戸幕府を訪れる、というものであった。

だから対等といっても、平等互恵という意味ではない。その具体的な内容をみれば、渡航した対馬の人々は、釜山《プサン》の居留地である倭館《わかん》の外に出て、朝鮮内地に入ることが許されなかったし、日本から公式の政府の使節が渡海したこともない。豊臣秀吉の朝鮮出兵に起因する朝鮮側の対日警戒感の産物であって、通交そのものがきわめて一方的だったのである。

江戸時代の日本は、いうまでもなく幕藩体制である。天皇と将軍がならびたち、元首と主権者が別個の存在である、という世界でもすこぶる特殊な政体をとっていた。そのために、唯一といっていい外交相手である朝鮮とは、たがいの君主の地位など、名分上の紛争をひきおこす危険が、ずっと潜在していた。江戸時代の初期に、対馬が国書を改竄《かいざん》偽造していたのも、一八世紀のはじめに、新井白石がことさら、「日本国王」の称号を復活させ、礼遇をめぐって朝鮮通信使と紛糾をおこしたのも、そうしたところに根本的な原因がある。

しかしそうした危険が容易に表面化しなかったのは、日朝の通交が実質的には、対馬藩を媒介とし、かつまた朝鮮からの、ごく限られた一方通行しかなく、たがいの実情をよく知らなかったからである。

たとえば、徳川政権が設けた「大君」という称号は、象徴的である。朝鮮との折衝にあたったことで有名な新井白石や雨森芳洲《あめのもりほうしゅう》が、いみじくもいったように、「大君というのは、朝鮮においては、臣子にあたえる職号」でありながら、日本においては「諸侯の長」を意味した。「皇帝とか天子とか王などのように、古今一定して易《か》えることのできない称号」とは異なって、いろいろな意味をもちえたのである。

そこで日朝各々の側は、そのことばに対し、自らに都合のよい解釈をあたえていた。朝鮮にとってみれば、「大君」は国王の下位にある称号、日本では、対等もしくは上位にあるものだったから、互いがそれぞれの自尊心を満たすことができたのである。これに類する認識のギャップは数多く、それらを便宜的にくみあわせて辻褄をあわせることで、交隣関係は円滑になっていた。

もちろん、そんな無知と誤解のからくりに気づいた人物もいる。上の新井白石はその一人、なればこそ、かれは「大君」を「日本国王」にあらためようとした。

朝鮮のほうでは星湖学派、いわゆる実学派の祖、李瀷《りよく》がややおくれて、次のように述べている。

関白は東のはてにいて、国王と称したことはない。その称号は征夷大将軍である。……日本の天皇(倭皇)が権力を失ってから、まだ六、七百年を経ただけだし、しかも日本人がみなそれを願っているわけではない。近ごろしだいに忠義の士があらわれてきて、「名正しくして言順ふ」、いずれきっと力を得るにちがいない。もし夷人と連繫し天皇をもりたてて、諸侯に号令させたなら、大義を明らかにできるかもしれず、日本六十六州の太守に応じない者がいないとは思えない。このような事態にたちいたったならば、むこうの元首は皇、こちらは王となる、いったいどうやって対処すればよいのだろう。……当時の重臣は目先をとりつくろうばかりで、深謀遠慮がなく、しかも関白が国王ではないことも知らなかったがために、こんなことになってしまった。きわめて遺憾なことではないか。(『星湖僿説類選《せいこさいせつるいへん》』)

「関白」というのは、豊臣秀吉の執政の地位を徳川将軍がうけついだことから、称したものである。天皇と将軍の地位を正確に認識し、尊王の論がおこりつつあることにも注意を怠らず、あわせて将来の事態に警鐘を鳴らすなど、よく当時の日本を観察したというべきであろう。

徳川将軍が打倒されて天皇が主権者となったなら、その「皇」の称号は国王の「王」に優越し、朝鮮が日本の下位に置かれかねない。およそ百年ののち、まさしく現実となるこのような危機感は、しかしながら、当時はまだまだ例外的であった。

宗属関係のしくみ

清韓のあいだには、宗属関係がある。清朝が中国に君臨して以降は、その具体的な内容は、ほぼ明朝の旧例に準じたものであった。

清朝は明朝の脅威が消滅した以上、朝鮮との挟撃を憂慮するには及ばなくなったし、明朝の後継者となる以上、それに違わない対外的な態度を示す必要もあった。だから朝貢・冊封を中核とする宗属関係じたい、明朝の宗藩関係と同じく、朝鮮にかぎった特殊なものではない。清朝が旧明の版図を平定してゆく過程で、ほかの海外諸国にも推し及ぼされてゆく。

それでもやはり、清朝が中国を支配する以前に、宗属関係をはじめてとりむすんだ朝鮮は、一種特別な存在であった。つねにもっとも恭順な属国と称せられ、その筆頭に数えられている。

これに対し朝鮮のほうは、もっと複雑である。たしかに清朝と宗属関係を有してはいる。だがそれはもともと武力で強いられたものであり、相手はしょせん夷狄、あえて望むところではない。そのため朝鮮は理念的、心情的には依然として、「小中華」の矜持をまもりつづける。

朝鮮にとっては、明朝が支配していた中華の地が、清朝の君臨で夷狄になり果てた以上、明朝・中華の正統を継ぐのは、朝鮮じしんしかありえない。だからもはや存在しない明朝を慕う姿勢は、あくまであらためなかった。

もちろん政治的な行動でそれを示すわけにはいかない。そうしても有害無益なだけである。清朝に対する朝鮮の態度と行動は、そこで面従腹背とはいかないまでも、きわめてプラグマティックなものとなった。

清朝との宗属関係、事大関係は当然、保持する。しかしそれは、明代のように心底からのものではない。そうしなくては何をされるかわからない、という脅威、あるいは、そうすることで自国の安全をはかる、という保障、そうした実利的な利害にもとづく、いわばわりきった行動である。

それなら、そんな利害が関係の前提とならなくなったとき、朝鮮の清朝に対する態度も変化しかねないわけであって、それはやはり、一九世紀の後半にいたって現実のものとなる。

関係の安定

こうして宗属関係と交隣関係は、ともかくも二百年の長きにわたって、さしたる動揺もきたさずに継続する。朝鮮が清朝と日本に使節を派遣しつづけたのは、良好な関係を存続させて自国の安全を保障するとともに、潜在的な脅威たる両者の動向をさぐる目的もあった。

清朝へ赴く使節を、燕京《えんけい》（北京）へ行く使者、燕行使といい、かれらが書き残した記録を『燕行《えんこう》録《ろく》』と総称する。日本への使節はすでに言及した通信使であり、かれらも『東槎《とうさ》録《ろく》』『海槎《かいさ》録《ろく》』などという記録を残した。いずれも当時の清韓・日朝関係の実相をうかがいうる貴重かつ厖大な史料であり、清朝・日本それぞれの側に、これほど系統的、継続的な記録は存在しない。朝鮮にだけある、という事実が、朝鮮半島の位置づけを物語るといってもよいのである。

日本と清朝とのあいだには、公式な政府間の交渉がなく、中国から商人が長崎に渡来するだけの、一方的な通商関係しかなかった。品目も中国産品を輸入し、貴金属を輸出するという片貿易である。情報も中国事情が日本に伝わっても、日本のくわしい事情は中国に伝わらない、いわば片貿易状態であって、けだし双方の物的・知的な欲求をひきおこす経済情況・社会構造のちがいに起因するというべきである。

こうした状態になった元来の政治的な動機は、清朝の側は倭寇のような海上の軍事的脅威を、日本のほうはキリスト教の流入を恐れてのことであったから、相互不信の産物にはちがいない。けれどもそれで、二百年を平和裡に過ごしてきたことを考えれば、たがいに不用意な深入りをしない、賢明な措置だったともいえよう。

ともあれ、日清間の直接交渉が存在していなかったために、それぞれに宗属関係・交隣関係をもつ朝鮮は、日清関係によって掣肘されることなく、各々の関係を個別に進展させることが可能となった。それは日本・清朝にとっても同じことであり、宗属関係と交隣関係とは必ずしも、あい連関しないままに、安定的に続いてそれぞれの内容を形づくっていったのである。

西洋出現の意味

ただし安定した関係の継続は、思考をマンネリズムに陥れ、外交の硬直化につながる。二百年はそれに十分すぎる歳月であった。そして一九世紀に入ると、市民革命と産業革命をへて面目を一新した西洋列強が、あらためて東アジアに進出してくる。思考と行動の固定化に反し、周囲の情勢のほうがさきに流動化をはじめた。

一六世紀から一七世紀の局面も、西洋が無縁だったわけではない。しかしそれは多分に、因果関係が直接には眼に見えない経済的な影響にとどまり、政治・外交の直接的な勢力として、影響を与えることは少なかった。

日本列島と遼東地域の興起は、すでに述べたとおり、西洋をもふくんだ世界的な商業ブームの所産にはちがいない。けれどもその結果、おこった政治外交的な情勢は、ほぼ日清韓の三国の枠内で推移した。

もちろんキリスト教問題という例外はあって、それぞれに投げかけた波紋は、無視できるものではない。だが東アジアの秩序関係にかぎっていえば、それも実質的には、この三国間の問題にほかならなかったのである。

しかし一九世紀における西洋の進出は、一七世紀の段階とははるかに異なっている。経済的な側面はもとより、政治的な勢力としても、東アジアに直接の衝撃をあたえるものだったからである。

それが日清韓三国におよぼした影響は、決して一様均質だったわけではない。列強各国の利害関心の差異はもとより、日清韓それぞれの地理的環境、経済的条件、政治体制、社会構造に左右されて、当然さまざまではあった。

その具体相をここで立ち入ってみる余裕はない。ただひとつ忘れてはならないのは、日清韓各々の動向が、決して他と無関係ではなかった、そしてたがいの関係にひそんでいた問題を顕在化させた、という事実である。清韓の宗属関係・日朝の交隣関係、そして日清の関係は、もはや各々が旧来のままに存続してゆくことも、相互にバラバラでいることも許されなくなる。

清朝の変貌

一七九二年、イギリスは史上はじめて、中国へ外交使節を派遣した。特命全権大使マカートニーである。一行を熱烈に歓待した清朝は、しかしながらかれらを純然たる朝貢使としてあつかい、その貿易拡大要求は、にべもなく拒絶した。清朝の黄金時代に君臨した乾隆帝《けんりゅうてい》なればこそ、なしえたパフォーマンスであり、一八世紀のおわりに、なお東アジアが西洋に優位を示せた象徴的なエピソードでもある。

ところが、ちょうど半世紀後の一八四二年、清朝はそのイギリスの武力に屈し、南京《なんきん》条約を結ばされる。著名なアヘン戦争の結果であった。こうして、朝貢と貿易ばかりの関係にとどまらない、条約を通じた近代西洋流の国際関係が、東アジアにはじめて導入されたのである。

もっとも清朝はそうした条約関係を積極的に理解し、履行しようとはしなかった。西洋列強はそれに業を煮やし、一八五六年ふたたび武力にうったえて、アロー戦争をひきおこす。最終的に一八六〇年、北京で城下の盟を余儀なくされた清朝は、これ以後、否応なく近代西洋の国際関係のなかに入って行かざるをえなくなる。

そうした動向をよくあらわしているのが、一八六一年はじめ、北京に設立された総理各国事務衙門である。一般に略して、総理《そうり》衙門《がもん》という。

アロー戦争の結果、結ばれた天津条約・北京協定は、西洋各国の使臣が北京に常駐することをさだめており、日常的にかれらを応接すべき外務省にあたる官庁が、清朝の側にも必要となった。こうして生まれた総理衙門の存在と活動は、清朝が曲がりなりにも、西洋式のルールにしたがった通交をすすめようとしたことを意味する。

しかしそれは、清朝が全体として心底から、西洋近代の国家体系・国際関係をその対外関係の原理、標準としたことを意味しない。条約の締結も総理衙門の設立も、清朝の立場としては、ありていにいって当面の危機を回避し、時局を収拾するための便宜、手段にすぎなかった。

だから、たとえば条約の条文が、締結した当事者相互を拘束することは理解、承認しても、その背後にある精神や原理を全面的に受容するにはいたらない。条約関係はあくまで西洋諸国との間にかぎった問題、総理衙門はあくまで西洋諸国がその管轄であって、両者が清朝内外のすべてを律するということには、決してならなかった。

したがって、西洋諸国と条約をむすぶ以前より存在する宗属関係は、清朝からすれば、条約・国際法の影響を受けるべきものではありえない。両者はまったく次元の異なる、別個のことがらだったからである。

ただし現実の問題としては、たとえば、宗属関係にある属国と条約関係にある西洋列強との間に交渉がもちあがったなら、両者を無関係のままにしておくことはできないし、双方の当事者である清朝じしんも、まったく超然としてはいられまい。

そうした場合、既存の清朝と属国との関係にいかなる影響がでるのか。それは一八六〇年代の前半には、誰にもわからないことであった。

日本の変貌

さて日本の場合も、表面的な事態としては、清朝とおおよそ並行した時間的経過をたどっている。一八世紀の末ごろから、外国船が日本に渡来するようになると、幕府は異国船打払令を出して警戒を強めたが、アヘン戦争の情報が伝わるや、これを廃止して西洋諸国との関係改善につとめた。

その十年後にアメリカのペリー提督が来航、日本は開国を余儀なくされる。以後の条約締結は、中国のそれとほとんど歩を同じくし、一八五八年、清朝が天津条約をむすんでまもなく、日本もアメリカ、オランダ、ロシア、イギリス、フランスとあいついで通商条約を締結した。

日本が決定的に異なるのは、その十年後、江戸幕府が倒れて、従来の政体そのものが変わった、ということにある。

明治維新をもたらした日本の内的な動きは、したがって清朝の場合とは対蹠的であった。西洋式の近代国家を志向し、国内の支配体制ばかりか、対外関係の変革をもともなっていたからである。日本人にはほとんど常識、自明のこうした史実経過は、東アジア全体でみると、きわだって特異な動向であり、やがて東アジアそのものを大きく変貌させる端緒となる。

こうして西洋の闖入は、安定していた東アジアの秩序体系に大きな波紋を投げかける。宗属関係の一方の当事者たる清朝は、西洋諸国と条約関係をとりむすんで、旧来の体制をあらためた。交隣関係の一方の当事者たる日本は、条約を締結したばかりか、徳川政権に代えて、新たな政体をうみだした。

いずれも従来の清韓関係・日朝関係を動揺させるに十分だった。清朝・幕府の安定という宗属関係・交隣関係の前提をなす要件を満たさなくなったからである。

洋擾

清朝と日本が西洋の闖入で苦しんでいる間、朝鮮だけが西洋と無縁だったわけではない。日清に劣らない紛糾を経験している。ただし朝鮮の動きは、同じ時期でみるかぎり、日清とは対蹠的なものであった。

西洋の影響が日本と清朝で、誰の眼にも明らかになってきた一八六〇年代は、朝鮮もまた新たな時代の幕を開ける時期にあたっている。一八六三年、国王哲宗《てっそう》が後嗣なく逝去すると、傍系で幼少の高宗が嫡統を継いで即位、その生父の興宣大院君《こうせんたいいんくん》李昰応《りかおう》が実権をにぎった。

大院君は多方面に改革をおこなって、綱紀を粛正し政府の権力を著しく強化してゆく。かれのこうした強力なリーダーシップは当然、対外関係にも発揮されたが、その方向はひたすら攘夷にむかった。

一八世紀の末に中国経由でキリスト教、カトリックが伝来して以来、朝鮮政府はこれを支配イデオロギーたる朱子学の人倫・祭祀を否定するものとみなして、くりかえし警戒と弾圧を加えた。正学である朱子学を衛《まも》り、邪学のカトリックを斥《しりぞ》ける、いわゆる衛正斥邪《えいせいせきじゃ》である。

大院君も思想統制策の一環として、この衛正斥邪運動をおしすすめる。そして一八六六年にはじまるカトリック大弾圧をひきおこし、朝鮮国内に潜入していたフランス人の神父九名、朝鮮人教徒の数千人の処刑にいたった。これを丙寅《へいいん》邪獄という。

大院君（『興宣大院君　史料彙編』第1巻、玄音社、2005年より）

弾圧が空前の規模になったのには、それなりの理由がある。これに先だつ中国でのアロー戦争、そして清朝の敗北は、朝鮮の朝廷にも大きな衝撃をあたえた。朝鮮から派遣された使節が、英仏連合軍の北京侵攻と清朝皇帝の熱河《ねっか》蒙塵《もうじん》を目撃し、その情報をもちかえっていたからである。
大院君はキリスト教を弾圧しなくては、「熱河の禍が、われわれにもふりかかってくる」と恐れた、といわれており、斥邪・邪獄はもはや、キリスト教という邪学のみにとどまらない、西洋全体に対する警戒・敵視であった。清朝が西洋との協調にふみだすのと時を同じくして、朝鮮は逆に、西洋への敵対を深めたのである。

この弾圧をまぬかれたフランス人神父から迫害の報をうけると、北京に駐在するフランス臨時代理公使ベロネは一八六六年七月、その報復として、フランス艦隊司令官ローズに命じ、軍艦をひきいて朝鮮に遠征させた。ローズは九月に江華島を占領し、神父殺害者の処罰と条約の締結をもとめたものの、各地の戦闘に敗れて撤退する。

このフランス軍の侵入と前後して、アメリカの商船ゼネラル・シャーマン号が大同江《テドンガン》を遡航し、通商を求めて発砲した。局に当たった平安道《ピョンアンド》観察使朴珪寿《ぼくけいじゅ》は、軍民を指揮し、船を焼き払って沈没させ、乗組員をみな殺しにした。この仏・米の侵入事件を丙寅洋擾《へいいんようじょう》という。

北京駐在アメリカ公使ロウはゼネラル・シャーマン号の被害を知ると、一八七一年四月、五隻の艦隊をともなって朝鮮に赴き、損害の賠償と条約の締結を要求した。それが不調に終わるや、かれは艦隊に命じて江華島に上陸させ、砲台の占領におよんだものの、朝鮮側の頑強な抵抗に遭って、わずか一ヵ月で撤退した。いわゆる辛未《しんび》洋擾である。

フランス・アメリカの艦隊を撃退したことで、大院君はその攘夷政策に自信をふかめた。「洋夷の侵犯」に対して戦わないものは、「売国」にひとしい、と刻んだ斥和碑《チョグワアビ》を全国各地に立てて、その実績と決意のほどを誇示したのである。

宗属関係への波及

このように跡づけてくると、丙寅・辛未の洋擾は、朝鮮と西洋諸国との間だけでおこった問題のように見える。が、実はそうではない。フランスもアメリカも、清朝と外交関係をもっており、しかもその清朝と朝鮮との間には、宗属関係があったから、仏米両国とも朝鮮とことをかまえるにあたり、先んじて清朝と折衝をしていたからである。

そこで仏米そろって主張したのは、朝鮮が属国であるなら、その行為は宗主国たる清朝が責任をもってしかるべし、というにある。ところが、交渉にあたった総理衙門は、朝鮮はたしかに清朝の属国だが、朝貢しているだけで、その「一切の国事」は自主である、と回答した。

ベロネもロウもこの回答によって、朝鮮に対し直接の行動を起こしたわけである。ロウはいっそう明快に、朝鮮は「事実上の独立国」であり、属国といってもそれは「有名無実」だ、と表現している。

しかしこうした清朝・列強のみかたに、朝鮮が納得したわけではない。朝鮮がフランス・アメリカの条約締結要求をこばむ論拠としたのが、ほかならぬその属国という地位だった。

宗主国の清朝、天子・君父たる皇帝をさしおいて、属国の朝鮮、諸侯・臣子たる国王が、勝手に異国と関係をとりむすぶことはできない、というにある。もちろんそれは多分に建前であって、額面どおりにうけとるわけにはいかない。本音はむしろ、自らを仏米の脅威から守ってくれる清朝の保護をあてにしていた。

清朝もそのあたりに気づかぬはずはない。朝鮮の国事はすべて自主による、というのは当時の事実として、まちがいはなかった。しかしあえて書面でそう表現したのには、やはり理由がある。

ひとつには、そうしなくては、宗属関係の内実・現状を理解できない、という西洋側の事情であり、いまひとつは、無用の紛糾をおしつけられてはたまらない、という清朝の態度であった。

局面の本質は、下世話な言い方をすれば、西洋への対処という責任負担を朝鮮と清朝とがなすりつけあう、といったところだが、そこからうかがえるのは、清韓間で宗属関係のとらえ方が異なる、という厳然たる事実である。清韓関係はもはや一義的ではなくなっているわけで、それは洋擾の影響で顕在化したものだった。清韓の二国間関係は、明らかに西洋との関係と連動して、動揺を始めたのである。

しかもそれをひきおこした当の西洋諸国は、あい矛盾する清韓双方の言い分、いずれにも確信をもてず、とまどうほかなかった。そのとまどいは以後、ながく尾を引くことになる。

2　朝鮮の条約締結

書契問題から江華条約へ

丙寅・辛未の洋擾で清韓の宗属関係が揺らぎはじめたころ、日朝の関係も大きな危機をむかえる。明治維新を果たした日本は、一八六八年末、王政復古を朝鮮に通告した。ところがその文書には、天皇に関わって「皇」「勅」などの文字があったため、朝鮮側は旧来の書式に違って傲慢無礼だとして、これを受理するのを拒否した。

宗属関係を奉じる朝鮮からみれば、「皇」「勅」は天子、すなわち清朝皇帝以外に使用すべからざる文字であった。対等であるはずの日本が使うのは、とりもなおさず朝鮮をしのぐことであり、それまでの交隣関係を否定することになる。李瀷の憂慮した危機が、ついに表面化したのである。

明治日本はこうして、その船出早々に隣国朝鮮との対立をひきおこしてしまった。この通告文書を書契と称したので、この事件を書契問題という。

書契問題は、政体をあらためて、対外関係も再編しようとした日本と、旧来の関係を保持しようとする朝鮮との間でおこった、双方の原則にかかわる対立である。日本は主権者の天皇を指し示すことがらなので、軽々に譲歩はできない。しかも朝鮮は、旧来の対外関係のありかたに固執して、攘夷をも辞さない大院君政権であったから、その矛盾はいっそうけわしいものがあった。

局面の打開は五年たって、ようやく訪れた。一八七三年、大院君が引退して、国王高宗の親政がはじまり、王妃の一族の閔氏が実権を握ると、まもなく日本との交渉に前向きとなる。

だからといって、従来の交隣関係を継続する、という朝鮮側の基本姿勢がかわったわけではない。そのため、一八七五年にはじまった日朝交渉も、またもや書契の「大日本」「皇上」などの表記をめぐって、対立が再燃し、暗礁に乗り上げた。

これに業を煮やした日本が、軍艦での武力示威をおこなって、雲揚号を江華島東の水道に入れ、砲撃をうけるや、それを口実として強引に書契を受理させたばかりか、翌年一月には条約の締結交渉にもちこんだ。その結果、調印にいたったのが日朝修好条規、いわゆる江華条約である。

日朝の認識

江華条約にいたる日本の動きを一言でまとめれば、旧来の交隣関係を西洋近代的な条約関係にあらためようとしたといえよう。それまでの対馬藩と朝鮮との日常的通交を「曖昧私交」とみなして廃止したうえで、政府間の条約を締結することを通じ、近代的な外交関係の樹立をめざしたのである。

それには、互いが主権国家同士であることが前提になるから、日本の側は朝鮮の国際的地位の問題に強い関心を有した。すなわち朝鮮の有した清朝との宗属関係が関わっていたわけであり、書契問題がおこった一因も、そこにあるとみていた。だから洋擾をひきおこした西洋諸国と同じく、日本も宗属関係の内実には疑念をつのらせている。交渉にあたった広津弘信《ひろつひろのぶ》の言葉を借りれば、「清韓両国互ニ依頼庇護スル所以ノ厚薄深浅ヲ量ル」必要を感じたわけである。

ただしそれを判断するにあたっては、日本の側は朝鮮が「内外ノ政事専断独裁」の独立国なのか、「事物悉ク清ニ仰グ」属国であるのかという、いわば二者択一的なみかたに立っていた。逆にいえば、清朝がフランス・アメリカに示した、属国であり、しかも国事いっさいを自主する、という発想は、当時の日本にはほぼ無きにひとしかった。

したがって江華条約第一条の、「朝鮮国は自主の邦」であり、「日本国と平等の権を保有す」という文面は、日本にとって、少なくとも日本との関係に限っては、朝鮮を清朝の属国ではなく、あくまで対等の独立国とみなすべきものだったのである。

これに対し、朝鮮政府が江華条約を締結したのは、決してその本意ではない。日本の武力の威嚇をうけ、やむなく応じたものだった。

しかしながらこの交渉では、たとえばアメリカの場合とは異なって、あからさまに清朝の属国、保護をいいつのることはしなかった。清朝のいわゆる「自主」を行使したわけである。朝鮮が「外患を慮り清国の保護を乞ふ」かもしれない、と日本側が猜疑したことはあっても、そうした局面は実際には起こっていない。

日朝交渉において、清韓の宗属関係が直接に、具体的な影響をおよぼすことは、最後までなかった。その所産が条約の締結であり、また江華条約第一条の文面であったと考えることができる。

もっともそれは、朝鮮側の認識が日本とまったく一致していたことを意味するわけではない。朝鮮が最終的に江華条約の調印に応じたのは、その条約を新たな国際関係の始まりというより、むしろ、一八六八年以来とだえていた、旧来の交隣関係の復活だとみなしたためである。条約第一条の「自主の邦」、「日本国と平等」だという趣旨が、まさしく交隣関係と重なり合うからであり、当時の朝鮮は日朝関係の再編を依然、旧来の枠組のなかで考えていたことになる。同一の条約、同じ文面で合意しながらも、日朝双方の思惑にはすでに、大きな隔たりが横たわっていた。条約締結から壬午変乱にいたるまで、両者の通交がなかなか円滑に再開しなかったのは、そこに一因がある。

日清修好条規・台湾出兵と朝鮮

上に見てきたように、日朝の二国がむすんだ江華条約は、清朝の存在、清韓の宗属関係を抜きにして考えることはできない。それなら、この日朝関係に対する清朝じしんの関心は、いかなるものだったのであろうか。

清朝の日本に対するみかたは、とりわけ一八六〇年代以降について一言でまとめれば、軍事的な脅威として警戒する、というにつきる。それには大別して、三つの要素が作用していた。第一は倭寇という歴史的な記憶、第二に当時の日本の急速な西洋化、とりわけ兵器の近代化、第三に日本列島の地理的位置である。総理衙門の見解によれば、日本は明代では倭寇であって、その災禍は江南・浙江の沿海ばかりか、朝鮮にまでおよんだ。その日本は近年、イギリス・フランスに敗れて発憤し、軍備充実につとめている。たとえ英仏が攻めてきても、それは貿易か布教が目的であるにすぎないけれど、日本の場合は土地をねらいかねないのである。もし朝鮮が日本に占拠されたら、清朝の安全にも重大な影響がでるので、その災禍はフランス軍が朝鮮をせめた丙寅洋擾の比ではない。(『清季中日韓関係史料《しんきちゅうにちかんかんけいしりょう》』)

というにあって、三大要素からなる日本の軍事的脅威は、とりわけ朝鮮に対する侵攻に焦点を結んで、重大となる。

こうした考え方が客観的にみて正しいかどうかは、さしあたって問題ではない。その日本観が当時の清朝に厳然と存在し、以後もなお、大なり小なり、ずっと一貫するという事実こそ、注目に値する。

清朝は一八七一年九月、その日本と日清修好条規を締結した。アジアの国どうしで結ばれた最初の条約であり、また西洋諸国と締結したような不平等条約でなかったことにも、注目があつまるものである。しかしながら、締結国当事者それぞれの立場からみれば、この条約は自ずから別の側面を有している。

話をもちかけた日本側の関心は、何よりもまず、それまでまともな通交のなかった清朝と、条約関係・外交関係を樹立するにある。その内容はともあれ、西洋的な近代国家をめざすからには、避けて通ることのできない対外関係の再編だった。

それに対し清朝の側は、何よりも上述の対日警戒心に立ったものである。軍事的な脅威となりかねない日本を「籠絡」して、敵対させないようにするところに主眼があった。とりわけ重大な朝鮮に対する配慮も、当然おこたりない。

日清修好条規第一条に、「両国所属の邦土、稍《やや》も侵越有るべからず」という文言がある。卒読すると、たんなる相互不可侵にみえるこの条項は、清朝側の提案で入ったものであり、その真の目的は、日本の朝鮮侵攻を防ぐにあった。「所属の邦土」とは、清朝の統治下にある土地のみならず、直接の支配が及んでいない属国、たとえば朝鮮をもふくむ、という意味だったからである。

もちろん日本は、そんな目的には関知していないし、その含意を理解することもなかった。そこで日清関係は、この条約を出発点として、むしろ紛糾が続くことになる。

台湾出兵と江華条約

その最たる事例が、一八七四年の台湾出兵であった。琉球の漂流民が台湾の原住民に殺害された事件に対し、清朝がその責任をとろうとしないことを理由に、日本が武力を行使したものである。

この台湾出兵は、清朝の当局者に大きな衝撃を与えた。何となれば、清朝側の解釈では、年来おそれてきた日本の軍事的脅威がついに現実化したばかりか、日清修好条規で「両国所属の邦土」を侵さないと合意したのに、日本はそれに「背いて」、台湾に出兵したからである。日清修好条規の効力は、にわかに危ぶまれてきた。

そこで清朝側は急遽、軍事的な対抗措置にとりかかり、以後、日本を一種の仮想敵国とする「海防」、海軍の建設をすすめることとなった。その動向に密接にかかわるのが、日清修好条規でも念頭に置いていた朝鮮半島方面に対する懸念である。

清朝は台湾出兵のさなか、日本の朝鮮侵攻の挙を警戒して、その危惧を朝鮮政府に伝えた。朝鮮政府が一八七四年に、日本との交渉開始にふみきったのは、この情報が一因をなしている。

このように、日本の脅威が増大し、朝鮮半島方面への懸念が深まりつつあったなか、まもなく日朝間に江華条約がむすばれる。清朝はこれに対し、日本と条約を結ぶかどうかは、朝鮮の自主にまかせる、と表明して、表だった介入をしようとはしなかった。

とった行動じたいは、丙寅・辛未の洋擾の場合とまったく同じだといってよい。しかし情勢の認識は、かなり異なっていた。

自らについては、「明代の故事にならって」、朝鮮を断乎「救援」する武備は整っていない、日本については、「軽々に武力を行使するものではな」く、あからさまな敵対行為はとるまい、朝鮮については、清朝への「恭順」が「まことに至誠より出ている」、という三方面あい重なる現状認識である。

清朝が朝鮮に対し、自主にまかせる、といいながら、「小忿《しょうふん》を忍耐し」、日本と妥協して穏便におさめるよう勧告したのは、こうした認識の産物だった。したがって、この三重の現状認識のうち一つでも変われば、日朝関係に対する清朝の方針は、変わりうることになる。

そもそも清朝当局者は、宗属関係のある朝鮮から、日朝関係の詳細に関する情報をさして得ていなかった。書契問題など日朝の紛糾を知ったのも、ようやく一八七四年一〇月、日朝交渉開始の直前になってからのことで、当時の日朝関係の機微には、相当に疎かったわけである。

客観的に見れば、日本を朝鮮半島方面の脅威とみなしながら、「軽々に武力を行使」しない、「恭順」「至誠」と評するのは、その危機感に比して、日本と朝鮮に対し楽観に失する、といわざるをえまい。そんな楽観を楽観だと悟ったとき、自ら想定する宗属関係、属国たる朝鮮の「自主」があらためて、清朝の重大な課題となり、清韓関係が日朝関係と不可分の関連をもつようになる。

琉球処分の衝撃から条約の締結へ

こうして高まりつつあった日本に対する清朝の危機感は、一八七九年の琉球処分でひとつの頂点に達した。日本が琉球藩を廃して沖縄県としたこの事件は、清朝からすれば、とりもなおさず琉球という属国の「滅亡」であって、清琉間に厳存した宗属関係の解体消滅である。

琉球の存亡そのものが清朝にとって、重大だったというわけでは必ずしもない。問題は琉球「滅亡」が前例化したなら、ほかの属国にも「滅亡」が、宗属関係の消滅が、波及しかねないことにあった。

日本に関していえば、朝鮮半島方面の軍事的脅威、もっとはっきりいうなら、朝鮮併呑の危険性をあらためて、しかも切迫して、感じる契機をなしたわけである。それまでの楽観はけっきょく裏切られ、新たな手を打たねばならない局面となった。

そこで「琉球の覆轍をふま」ないようにするため、清朝政府が採用した具体的な対策とは、朝鮮と西洋諸国との条約締結であった。朝鮮が西洋列強と条約をむすんだならば、日本はその列強をはばかって、軽々に朝鮮には手出しできなくなろう、との企図による。総理衙門は北洋大臣李鴻章《りこうしょう》に委ねて、さっそく朝鮮政府に条約締結を説得する工作に着手させた。

ところがその李鴻章の工作は、窓口にした朝鮮の重臣李《り》裕元《ゆうげん》が、西洋諸国との条約締結に反対していたこともあって、はかばかしい成果をあげない。一年たっても、朝鮮政府に積極的な姿勢はみられなかった。

李鴻章

朝鮮がそれまでの態度をかえはじめるのは、別のルートであった。日本政府と交渉するため来日した修信使金弘集が、一八八〇年一〇月初め、『朝鮮策略』をもちかえってからのことである。

『朝鮮策略』とは清朝の駐日公使館員黄遵憲の著述であり、その内容は、朝鮮をめぐる世界情勢を説いたうえで、とるべき方針として、清朝との関係改変・日本との関係改善・アメリカとの条約締結を朝鮮政府にすすめるものだった。原文をみると、それぞれは、「やや旧章を変」えて「中国に親しむ」、「すみやかに条規を修」めて「日本と結ぶ」、「急ぎて善約を締《むす》」んで「美国《アメリカ》と聯《つら》ぬ」と表現している。

清朝は一八七七年の末、日本に常駐公使何如璋を派遣し、日本政府との恒常的な折衝をおこなわせていた。当然、何如璋の当時もっとも重大な任務は、琉球処分に関わる交渉となる。琉球処分が朝鮮と不可分にむすびつく清朝の立場からして、かれ自らも朝鮮の問題を考えざるをえなかった。

一八八〇年、あたかもそこに前後して来日したのが、アメリカ海軍のシューフェルト提督と朝鮮修信使の金弘集である。何如璋はそれを機に、駐日公使館として非公式に、朝鮮側へ条約締結の説得を試みることにした。

『朝鮮策略』と「主持朝鮮外交議」

部下の黄遵憲に『朝鮮策略』を書かせ、金弘集にそれをもちかえらせたのも、そうした説得の一環である。何如璋が自ら金弘集とくりかえし会談したのも、いうまでもない。またかれは同じ時期、「主持朝鮮外交議《しゅじちょうせんがいこうぎ》」という意見書を本国に具申している。これを『朝鮮策略』とあわせ読むことで、当時の駐日公使館の全体構想を知ることができる。

その骨子を一言でいえば、法的に朝鮮を清朝に従属させたうえで、アメリカとの条約締結を強制する、というにある。従来のいわゆる「自主」を剝奪し、「属国」を国際法上の属国に変えてしまおうとの方針だった。これを何如璋は、「やや旧章を変」えて「中国に親しむ」という。先にみたように、『朝鮮策略』とまったく同じ表現である。しかし『朝鮮策略』は同じ文言を使いながら、朝鮮に見せるためであるのか、あえてその具体的な内容を説明していない。

清朝本国、総理衙門と李鴻章は、しかしながら何如璋の意見を採用しなかった。日本・朝鮮、そして西洋諸国と無用の紛糾をおこす恐れがあり、しかもそれを乗り切る実力に欠ける、と自覚していたからであり、この方針は沙汰やみとなる。

いっぽう金弘集を通じて『朝鮮策略』をうけとった朝鮮国王高宗とその側近は、大きな衝撃をうけた。この年の末から閔氏政権が近代的な軍備や技術の導入をはじめたのは、その明証である。対外関係においても、『朝鮮策略』の文言にしたがって、アメリカとの条約を結ぶ方針に転じた。

大院君執政時代から勢力をひろげていた在地両班《ヤンバン》層は、これに反対して、ふたたび声高に衛正斥邪をとなえた。『朝鮮策略』およびこれをもちかえった金弘集は、囂々《ごうごう》たる非難の的となっている。だが朝鮮政府は、この強い国内の反対を押し切って、条約締結に向け動き出した。

そうはいっても、朝鮮の側が清朝駐日公使館の企図を、すべて察知したわけではない。なかんづく「中国に親しむ」という文言の意味内容がそうであった。『朝鮮策略』じたいにはそれが記していないのだから、当然の結末かもしれない。もし察知したなら、清朝に対する朝鮮の態度がこのときに一変した可能性もあり、異なる歴史の展開もありえただろう。

しかし現実には、朝鮮政府は「中国に親しむ」という方針を、清朝との交流拡大とうけとめた。そこには従来の関係を質的に変える、という発想はない。それはアメリカとの条約締結にあたっても、同じであった。

「属国自主」をめぐって

アメリカとの条約締結をめぐる交渉が、現実にはじまったのは一八八一年の末。朝鮮の吏曹参議金《きん》允植《いんしょく》が、留学生を引率する領選使として、天津に赴任し李鴻章を訪れ、条約の締結を提案したのを直接のきっかけとする。これより朝鮮の問題は、清朝側では北洋大臣の李鴻章が、ほぼ一手にひきうけることになった。

李鴻章と金允植が協議した結果、アメリカ側との実質的な条約交渉は、天津で李鴻章の主導のもとにおこない、そこでまとまった条約案の調印を朝鮮でおこなう、という手順が決まった。さらに朝鮮側の条約草案も、二人が合意して固まった。第一条に「朝鮮は清朝の属国であり、内政外交は朝鮮の自主である」と謳った文案である。この文面を略して「属国自主」と呼ぼう。清朝と朝鮮とはこうして、条約締結にむけ、表向き足並みをそろえるにいたった。

条約草案第一条にいう「属国自主」は、総理衙門と李鴻章がそれまで主張してきた趣旨に忠実な文面である。が、このとき李鴻章じしん、その趣旨をわざわざ条約の条文に入れたのには、やはりそれなりの理由がある。

丙寅・辛未の洋擾でも明らかなように、従来の宗属関係は西洋諸国に理解されなかった。一八八〇年代にはいると、理解されないばかりではなく、尊重も受けなくなる。日本の琉球処分で苦杯を嘗め、同じ時期には、ヴェトナムをめぐってフランスとの関係がこじれ始めていた。

そこであらかじめ、朝鮮が清朝の属国であることをみとめさせておかなくてはならない。西洋諸国にも拘束力をもつ条約に、清韓関係の内容を明記したのは、何よりもそのためだったのである。同じ文面に同意した金允植、朝鮮側の思惑は、しかしながら李鴻章のそれとは必ずしも一致しなかった。金允植の日記『陰晴史《いんせいし》』に記す、その意見を聴いてみよう。

朝鮮が清朝の属国たるは、天下みな知るところですが……、このたび清朝は、各国に声明し、条約に大書するということです。ですから他日、朝鮮有事のさい、もし全力で救わなければ、かならず天下の物笑いになりましょう。清朝がわが国を担うのをみれば、各国のわれわれを軽んずる心も消えてゆくでしょう。しかもその下文には「均しく自主を得」と続けております。これなら各国との通交は、「平等の権」をもってしてさしつかえありません。権を失う忌にも触れませんし、大に事《つか》える義にも背きません。

すなわち、かれらの考える属国とは、「孤弱の形勢」にある朝鮮を宗主国の清朝が守ってくれる、というもの、自主とは、朝鮮が自立して各国との通交を「平等の権」でおこなう、というものである。

だからそれぞれに、その対象が異なっている。日本・西洋諸国に対しては、対等の自主であり、清朝に対しては、朝鮮を保護し、その自主を支えてくれるという期待がまずあって、そのかぎりにおいて清朝の属国である、という態度だった。いわば従来のプラグマティックな宗属関係と江華条約で復活した交隣関係が、それぞれ属国と自主に対応、相当していたわけである。

条約草案を一本にまとめ、表面的に一致したかにみえる清朝側と朝鮮側の立場は、このように矛盾をはらんでいた。

前者はあくまで、清韓の間に特別な関係が存在することを各国にアピールするところ、とりわけ朝鮮が清朝の属国であるという面を重視したのに対し、後者のほうは、各国と対等な関係となる自主の側面に重きを置いているからである。同じく「属国自主」といっても、その企図するところは各々異なっていた。それは早晩、露顕せざるをえなかったのである。

3　一八八二年

馬建忠の使節行

アメリカ全権シューフェルトと李鴻章との交渉は、一八八二年三月二五日にはじまった。そこで最大の争点となり、両者の主張が最後まで平行線をたどったのは、この「属国自主」を掲げる第一条にほかならない。シューフェルトが最後まで、西洋流の条約にはそぐわないとして、条約正文に「属国自主」の趣旨をもりこむことに同意しようとしなかったからである。

李鴻章はやむなく、天津の交渉ではこれをひとまず棚上げにして、朝鮮での調印にまわすことにする。よしんば条約に明記できなくとも、アメリカ側が「属国自主」を承認したかたちになるよう、調印段階で対策をほどこすつもりであった。

条約調印に立会うため、清朝側の委員を朝鮮に派遣したのも、その一環である。これは朝鮮とアメリカの意思疎通をはかり、かつまた憂慮すべきロシア・日本の介入を排除しつつ、首尾よく調印をはたすのが目的であった。それとあわせて、あわよくば「属国自主」の条文を復活させる、さもなくばその代替策を実現させる、という任務をも負っていたのである。

シューフェルト（Frederick C. Drake, *The Empire of the Seas: a Biography of Rear Admiral Robert Wilson Shufeldt, USN*, Honolulu, 1984より）

かくて朝鮮にむかったのが、天津でシューフェルトとの交渉事務にあたっていた馬建忠である。かれの行く手には、「属国自主」をめぐる清韓の隔たりが横たわっていたから、その任務はじつは容易ではなかった。しかも同じ時期、朝鮮と条約交渉を行っていた日本の動静も当然、それと無関係ではありえない。馬建忠はそうした問題を朝鮮現地で、身をもって思い知らされることとなる。

馬建忠が朝鮮の仁川《インチョン》済物浦《チエムルポ》に到着したのは、一八八二年五月八日。その立ち会いのもと、同月二二日に、シューフェルトと朝鮮側全権の申櫶《しんけん》とのあいだで条約の調印が無事、行われた。ここで成立した米朝条約をシューフェルト条約と通称する。

馬建忠の到着から条約調印まで、二週間もの間隔が空いているのは、かれとほぼ同時に出発したシューフェルトが悪天候に妨げられ、四日ほど遅れて到着したことにともなって、調印に手間どったからである。その間に看過すべからざる事件が起こっている。

懸案だったもとの条約草案第一条、「属国自主」の文面は、やはりシューフェルトの翻意を得られず、条約の条文に復活させることができなかった。そのため、朝鮮国王がその文面を明記した親書を、アメリカ大統領に送付する、という決着をはかることにした。この親書を当時の用語にしたがって、照会と呼ぶことにする。

シューフェルトが来着してからも、こうした手順の調整や書類の準備に時間がかかった。照会や全権委任状など、すべてそろったのは、五月二〇日である。ところが馬建忠は、照会の日付をそれより前にくりあげて、五月一五日と記入した。これはアメリカが事実上、条約の交渉段階で「属国自主」を承認したことにするための工作であった。

しかしシューフェルトの反対は予期されたことだし、書類の準備は事務的なことであるから、さして問題とするにはおよばない。何より注目すべきは、シューフェルトの朝鮮到着以前に、馬建忠と朝鮮側との間が険悪になり、あらためて清韓の関係が問題となったところにある。

馬建忠の役割

馬建忠は仁川に着くとさっそく、接待した朝鮮の官員たちに、条約交渉にかかわる朝鮮政府の意向を問いただした。ところがかれらは、くりかえしお茶を濁すばかりか、清朝を軽んずる態度さえ示す。馬建忠はにわかに猜疑をつよめた。馬建忠の来着とちょうど同じ日、朝鮮に駐在する日本の辨理公使花房義質《はなぶさよしもと》も、期せずして済物浦に着いており、しかも朝鮮の官員たちは、かれの所にも出入りしていたからである。

馬建忠はそこで、ことさら怒りを発して恫喝した。そのいきさつを記していう。

朝鮮は日本人の蠱惑《こわく》をうけて以来、清朝に対し傲慢不敬をあからさまにしめさないまでも、狡猾な心をもっていないわけではない。五月一一日より、朝鮮側の用意した宿舎を退去し、船にもどって、いささか関係決裂をにおわせると、ようやく清朝の人士があなどれないことをさとった。

馬建忠（『盛宣懐檔案名人手札選』復旦大学出版社、1999年より）

馬建忠は朝鮮側の不遜な態度に直面し、それが日本とのつながりに由来すると判断して、その動きをいたく憂慮するようになったわけである。強硬な態度に出たかいあって、以後の朝鮮側の態度は、打ってかわって恭謹になった。けれどもそれで油断することはなかった。

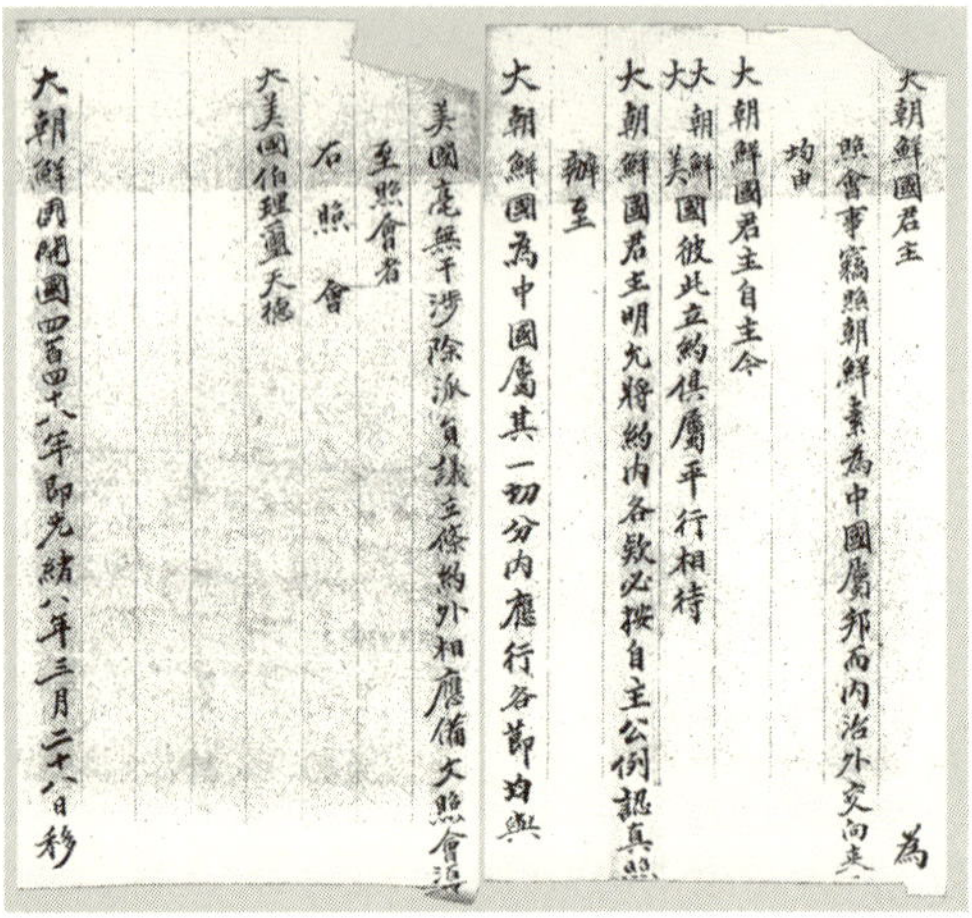

大朝鮮國君主　　為
照會事竊照朝鮮素為中國屬邦而内治外交向來
均由
大朝鮮國君主自主今
大朝鮮大美國彼此立約俱屬平行相待
大朝鮮國君主明允將約内各款必按自主公例認真照
辦至
大朝鮮國為中國屬其一切分内應行各節均與
美國毫無干涉除派員議立條約外相應備文照會須
至照會者
右照會
大美國伯理璽天德
大朝鮮國開國四百九十一年即光緒八年三月二十八日

アメリカへの照会（写し）

五月一四日、一方でわが威を張るため、条約調印のための正使申櫶と副使金弘集が乗船して挨拶にやってきたとき、朝鮮の意気をくじくため、国王に代わり陪臣に三跪九叩頭の礼を行わせ、つつしんで皇太后・皇上の聖安をうかがわせた。しかるのちおもむろに導いて、こちらのいうことをよろこんで聞くようにさせるかたわら、前もって照会の草稿を代筆しておき、「自主」の名をゆるしながらも、実際には「属国」の実を明らかにした。（『東行初録《とうこうしょろく》』）

宗属関係にのっとった儀礼をしっかり行わせて、税率などの問題で朝鮮側の意を迎えたうえで、照会作成の合意をとりつけた。

馬建忠はこれをまとめて、「懐柔の中に震礱《せんりつ》の意を寓し」たと表現している。俗にアメとムチというところだろうが、それは照会の文面にこめた意義にも忠実に反映している。「属国」と「自主」とを掲げながら、前者を実体化させ、後者を名目化する、さらにいえば、清朝の利害に反するような「自主」は実体化させない、というのがかれのたどりついた結論であった。

馬建忠が朝鮮で実地に直面したのは、日本の脅威である。しかも清朝が年来感じてきた、漠然とした大局的、軍事的な脅威ではなく、日本が朝鮮におよぼす、いっそう局地的、政治的な影響であった。朝鮮の官員の狡猾不遜な態度は、日本の影響、より具体的には、花房義質の存在によるとみなしたからである。

敵視する日本と朝鮮との関係をみきわめ、それが清朝と朝鮮の関係に抵触する、とはっきり意識した。日本はいわずもがな、朝鮮に対しても「恭順」だと楽観しているわけにはいかなくなったのである。そこでかれは、日本の影響を排除しつつ、清韓関係を強化せざるをえなくなって、照会の文面に新たな意義を付与するにいたった。

照会の本来のねらいは、西洋諸国に自明でなかった「属国自主」を確認せしめるにあった。もちろん清朝の側にとって、「属国」が第一義ではある。けれども清朝側・李鴻章は当初より、はっきりそれを意識していたわけでもなければ、「属国」と「自主」それぞれの内容と互いの関係にまで、考えが及んでいたわけでもない。馬建忠は朝鮮の現地において、「属国」に背馳する事例に対処するなかで、「属国自主」という既成概念に明確な意味と方向をあたえたのである。

壬午変乱

朝鮮はシューフェルト条約を締結すると、まもなくイギリス・ドイツとも、たてつづけに条約をむすんだ。内容はシューフェルト条約とほとんど同じ、もちろん「属国自主」の照会も付されている。馬建忠はふたたび朝鮮に使して、その調印に立ち会った。

西洋諸国と条約をむすんだ以上、それが発効したとき、ただちに応じられるように、朝鮮側の態勢をととのえておかなくてはならない。馬建忠は朝鮮奉使のかたわら、その具体策を練っていた。ところが、それを実行に移す前に、思いがけない事件がおこった。壬午変乱である。

一八八二年七月二三日、旧軍の暴動に端を発した壬午変乱は、たんなる暴動にはおわらなかった。朝廷の襲撃、高官の殺戮がつづいて、閔氏政権が崩壊し、引退していた大院君李昰応が実権を掌握した。一種のクーデタにまで発展したのである。

それればかりではない。襲撃の矛先は日本公使館にも向けられて、日本人数名の殺害と花房義質公使の迫害追放をひきおこし、にわかに日朝の重大な外交問題にもなった。

日本政府は命からがら帰国した花房公使に、今度は軍艦四隻・輸送船三隻・陸軍一個大隊をつけて、再度の朝鮮赴任を命じた。居留民の保護に加え、朝鮮政府に暴挙の責任を問うとともに、未決だった通商規則についても、いっきょに要求を通そうとの姿勢を見せたのである。

したがって壬午変乱は、清朝にとっても重大事件であった。属国の内乱というにとどまらない。このままでは、朝鮮が日本の武力に圧倒されて、その勢力下に入りかねない。そうなれば、琉球処分以来、憂慮してきた事態が現実となってしまう。危機感をつのらせた清朝政府は急遽、馬建忠を朝鮮に派遣し、ついで日本を牽制し内乱を鎮圧すべく、三千の軍隊を送りこんだ。こうして、日清の軍隊があいついでソウルに向かい、ひとつ間違えば、戦争になりかねない情勢となる。

変乱の収拾と日清

花房義質が済物浦についたのは、八月一二日。朝鮮側の制止をふりきって、八月一六日、軍隊をひきいてソウルに入った。しかし大院君政権は、歓待をつくしながらも、日本の要求にはとりあおうとしなかった。

そんな姿勢に不満をつのらせた花房義質は、「殆ド絶ヲ示スト言テ可ナル者」だとみなし、事実上の最後通牒を発して、八月二三日に退京した。大院君がこのような態度に出たのは、清朝側の調停をあてにしてのことであったが、それにしても実際、緊張はにわかに高まったのである。

このとき水ぎわだった手腕をみせたのは、やはり馬建忠である。かれはソウル進軍では日本に先を越されながらも、朝鮮政府の要人と緊密に連携しつつ、情勢をみきわめていた。花房義質と大院君との交渉が決裂するや、機をのがさず、退いた日本軍と入れ替わりに入京、かねてより甘言をもって油断させておいた大院君を拉致して、中国へ送った。八月二六日のことである。

そのうえで、ただちに朝鮮政府をして日本との交渉のテーブルにつかせるかたわら、旧軍を襲って撃破し、閔氏政権を復活させた。かくて八月三〇日、日朝の間に済物浦条約と日朝修好条規続約が結ばれる。これが以後の日朝関係を規定する出発点をなす。

済物浦条約の締結は、日本もひとまず満足していた。賠償金や開港など、おおむね要求が通ったのもさることながら、何よりそれが、おそれていた清朝の介入をへない、日朝間の直接交渉の産物だったからである。つまり朝鮮は日本に対し、江華条約でさだめたとおり、「自主」をもって「平等」に交渉したわけである。が、しかしそれは、表向きのことであった。

ソウルにいた馬建忠は、ただ指をくわえてその日朝交渉を傍観していたわけではない。それどころか、朝鮮側全権の金弘集に、日本の要求に対し、逐条こまかな指示を与えている。しかしながら、決して自分は表に出ようとしなかった。あくまで朝鮮を独立国とみなす日本と折り合って、その武力を封じ込めておくには、名目的にせよ、朝鮮の対外的な「自主」が不可欠だったからである。

その一方で、大院君拉致と旧軍討伐では、朝鮮国王や要人から了解をとりつけながらも、はじめからそのつもりで、公然と朝鮮の内政に干渉している。こちらは実質的にまったく朝鮮を属国としてあつかった行動であった。

以上のような馬建忠の行動様式は、かれ自ら定義した「属国自主」、「属国」の実体化と「自主」の名目化に即したものである。馬建忠じしんの考え方が、自然にかれをして、そうした行動をとらしめた、というほうがいっそう正確であろう。だとすれば、その方針は壬午変乱の処置ばかりにとどまらない。

善後措置と「属国自主」

壬午変乱が勃発する以前、馬建忠は二度にわたる朝鮮奉使の経験を生かして、かれなりの具体的な朝鮮政策を策定していた。朝鮮国王と上司の李鴻章の双方に提示する段階にまでできたとき、壬午変乱が勃発して、その作業を急遽とりやめて、朝鮮に赴かねばならなかったのである。したがって馬建忠の立場からみれば、壬午変乱の終焉はその再開継続を意味するものだった。

趙寧夏（Rosalie von Moellendorff, *P. G. von Moellendorff: ein Lebensbild,* Leipzig, 1930より）

一八八二年九月七日、天津に帰還した馬建忠には、朝鮮政府から派遣された謝恩兼陳奏使の趙寧夏《ちょうねいか》・副使の金弘集らが同行していた。いずれも西洋諸国との条約調印にたずさわり、壬午変乱でも緊密に協力した、馬建忠と親しい人々である。なかでも趙寧夏は名門で、高宗の嫡母たる神貞大王大妃《しんていだいおうだいひ》趙氏《ちょうし》の甥にあたる。

かれらの使命は、表向き北京にのぼって、壬午変乱の平定で清朝皇帝に「謝恩」し、大院君の帰還を「陳奏」することだった。しかし実質的な目的は、天津で北洋大臣李鴻章と会談して、開港後の朝鮮の対外関係、および清韓関係のありようを協議するにある。

趙寧夏は九月の初めから一一月の末まで、李鴻章および馬建忠らその下僚とくりかえし会談をもった。その結果、借款供与・税関設置・鉱山開発をとりきめ、その事業にたずさわる外国人顧問のメレンドルフと華人スタフを雇用している。かれらをつれて帰国したのは、一二月三日のことであった。

事実経過としては、趙寧夏のほうから、こうした協議をもちかけたことになっているが、実際に立案したのは馬建忠である。けだし、かれが企画した原案を朝鮮側から提示させ、あたかもその自主的な発意によりながら、清朝の指示どおりに動かそうとしたものだろう。これも「自主」の名目化にほかならない。

借款供与と鉱山開発は、李鴻章の勢力下にあった近代企業、輪船招商局がひきうけたし、李鴻章・馬建忠が推薦したメレンドルフが税関の設置をすすめ、そして任務多忙で朝鮮に駐在できない馬建忠の代わりに、実兄の馬建常《ばけんじょう》が朝鮮国王の顧問として赴任することになった。

いずれも結果的にみて、朝鮮の清朝への従属化を強める施策にほかならず、「属国」の実体化というにふさわしい。すべて自らの立案、「属国」の実体化でありながら、朝鮮側の「自主」として選択させたところに馬建忠の苦心があった。

その標的は当然のことながら、日本である。鉱山開発は元来、日本がねらっていた利権だったし、借款供与も日本が済物浦条約で獲た賠償金に対処する措置であった。そしてこの借款の担保をなすのが、新たに設立される税関の徴収する関税収入である。だから借款供与・税関設置・鉱山開発は、三者一体をなす日本への対抗策だったわけである。これがシューフェルト条約調印にさいして、怖れを抱いた日本と朝鮮の通謀に対する馬建忠の回答だった。

「属国自主」と朝鮮の従属化

もちろんそれは、この三者にとどまらない。このあたりの事情を、より直截な明文で表現するのは、同じ時期に清朝と朝鮮の間でむすばれた中朝商民水陸貿易章程である。

その内容は清朝と朝鮮の海路貿易をみとめ、双方の商務委員（領事）駐在をとりきめた通商条約、しかも清朝に有利な、いわば不平等条約にほかならない。にもかかわらず、これをことさら「条約」といわずに「章程」と称するのは、宗主国と属国との一種の行政的なとりきめを含意するからである。のみならず、その前文でわざわざ、「朝鮮が清朝の属国だ」と声明していた。

この締結交渉にあたったのが、やはり馬建忠である。かれのこのときの言い分は、

> このたび定める貿易章程は、対等の諸国間でとりむすぶ条約とは実質的に異なる。どうしても他国の援用による要求が心配なら、

「朝鮮は久しく中国の属邦に列す、定むる所の水陸貿易章程は、中国の属邦を優待するの意にか

かる、各与国《よこく》の一体《いちりつ》に均霑《きんてん》するの例に在らず」
という文面を、末尾か首文かに加えればよい。本章程を他国の条約とあくまで同じにしてほしい、と考えるなら、それは朝鮮が隠然、清朝と対等になろうとすること、日本人への恐れを知るだけで、清朝は恐れていない、ということにほかならない。（『清季中日韓関係史料』）

というにあった。清朝に対する朝鮮の従属化をめざしたこと、それが日本を標的にしていたことがよくわかる。

こうして朝鮮は、一八八二年の末にいたって、名実ともに開国開港にふみだした。復活した閔氏政権は、西洋諸国・日本ととりむすんだ条約関係のなかで、あらためていわゆる開化政策をすすめることになる。もはや衛正斥邪派はまったく鳴りをひそめ、全国の斥和碑も撤去された。頭から西洋を否定し、敵対視する攘夷的な動きは、少なくとも政府レヴェルではなくなる。

しかしそこには、「属国自主」を主張する清朝の存在があった。壬午変乱がおわってなおも、ソウルに三千の軍隊を駐留させ、朝鮮を従属化させる数々の手を打ったから、朝鮮の開化政策もまた、その影響をまぬかれなかった。

そのため、清朝の標榜する「属国自主」に対しては、直接の標的とされた日本はもとより、西洋列強も疑念を禁じ得なかった。そればかりではない。当の朝鮮もその内容には、決して納得してはいなかった。こうした疑念とそれにもとづく行動が、以後の東アジア情勢を大きく左右することになる。

第三章
「属国自主」の展開

1 朝鮮の「自主」追求

欧米との条約

朝鮮国王高宗は一八八二年九月七日、前国王哲宗の女婿たる朴泳孝《ぼくえいこう》に、修信大使として日本に使するよう命じた。ちょうど馬建忠とともに趙寧夏一行が天津についた日にあたる。この使節は済物浦条約第六款にさだめる謝罪と日朝修好条規続約の批准交換を任務としており、顧問格として、日本滞在経験のある金玉均、随員として、王妃の甥の閔泳翊《びんえいよく》も加わっていた。かれらが花房義質とともに出国したのは九月二一日、東京にやってきたのは一〇月一三日のことであった。

朴泳孝一行の使命は、日本に対する公式の任務ばかりではない。おそらく国王高宗から言い含められていたであろう、別の使命があった。アメリカ・イギリス・ドイツとむすんだ条約の承認批准を、日本に駐在する各国の公使に要請することである。

これらの国々との条約は、壬午変乱以前、すでに締結調印していたものである。変乱という突発的な非常事態をへたために、相手国は朝鮮の対外的な態度に疑念をいだいたかもしれない。そこで、条約関係に入る朝鮮政府の意向には変わりがないことを伝え、むすんだ条約を認めてくれるよう依頼する、というわけであった。

それをただ事務的に伝達しただけなら、中国に赴いた趙寧夏たちも北京駐在の外国公使に対しゃっていることなので、ことさらとりあげる必要はない。日本に来た朴泳孝たちに着目しなくてはならないのは、かれらがそれとあわせて、看過すべからざることを発言したからである。

そのやりとりを克明に書きとどめてくれたのは、駐日イギリス公使パークスである。その本国外務省あて報告は、以下のように記す。

まずは閔泳翊の発言。馬建忠の大院君拉致を指して、

「大院君の排除は朝鮮にとって悪いことではありませんが、こんなやり方は国辱です。朝鮮の内政にかくも干渉する権利は、清朝にはないはずです」

といい、また照会にいう「朝鮮は内政・外交ともに自主である」趣旨を強調して、

朴泳孝（『写真で見る独立運動(上)』ソムンダン、1987年より）

「清朝に対する朝鮮の朝貢関係は、一定の儀礼にかぎるもので、清朝は朝鮮の内政には干渉してこなかった、だから最近の清朝の行為は、旧例に反するものです」

と指摘し、「朝鮮人はいまの清朝の干渉には堪えられませ

閔泳翊（田保橋潔『近代日鮮関係の研究』上より）

ん」と結んだ。

次に正使の朴泳孝。

「……自国民の統治に必要ないので、軍隊を有していませんが、そのために清朝の手中にあって、抵抗もできず、いうなりになるほかないのが、いまの朝鮮の境遇なのです。条約を締結した西洋諸国の元首に朝鮮国王がおくった親書に、朝鮮は清朝の属国だが、内政・外交は自主だ、と宣言してあります。国王の独立した地位をこのように宣言したことは、清朝も完全に承認同意したものです。にもかかわらず、清朝は今になって、朝鮮の内政・外交にあらゆる手をつくして干渉をすすめ、国王からはその主権を、政府からは行動の自由を奪いつつあります」

以上から、かれらに共通する論理をうかがうことができる。

朝鮮はまぎれもなく「独立」しており、清朝に従属すべきではない、したがって、壬午変乱以後の朝鮮に対する清朝の行為は、堪えがたい「干渉」にほかならぬ、というにある。しかも政府の代表として外国の使臣に語っている以上、かれらだけの思想、理想であるはずはなかった。

朴泳孝・閔泳翊、そして金玉均も口をそろえていうように、かれらにとって、朝鮮の「独立した地位」とは、照会によって確約されたものだった。それにもかかわらず、現状をみると、軍事力に劣るために、理不尽な干渉をうけている。だから一刻も早く、西洋諸国と直接に通交する関係に入りたい、それが実現すれば、朝鮮の自主を承認、尊重しない国はなくなって、不当な現状は正されるだろう、というのがかれらの希望であり、見通しであった。

アメリカはまもなくシューフェルト条約を批准したから、朝鮮側の要請に応ずるかたちとなっている。イギリス・ドイツは関税率など、条件に不満があったので、すでに締結した条約の批准をみおくり、あらためて一八八三年に、朝鮮と条約をむすびなおした。その翌年には、ロシアも条約を結んでいる。

この三国との条約は、いずれも清朝の手を介さず、朝鮮政府が各国の全権使節とソウルで直接に交渉して、締結したものであった。これで朝鮮の側は、いよいよ照会にいう「外交の自主」を行使し、「独立した地位」が固まったと思ったであろう。

甲申政変への道

しかしそれにしても、清朝の圧力は弱まる気配をみせない。そもそも清朝側は、朝鮮とは逆に、照会を属国の実体化の証明だと見ており、朴泳孝や金玉均らが理不尽な「干渉」だとした行為も、清朝からすれば、当然の権利行使だったからである。

その点に関するかぎり、朝鮮側の意向や行動を顧慮することはありえない。少なくとも清朝の側から、すすんで「干渉」をとりやめることはなかった。

そんな清朝の態度に応じて、朝鮮の側もいっそう明確な出方をせまられた。もはや攘夷は論外で、開国はあともどりできない既定路線となっている。それでもいわゆる「開化派」は、勝利したというばかりではすまない。

金玉均（『写真で見る独立運動(上)』より）

その路線をおしすすめるにあたって、清朝の方針に沿うのか、それを不当とするのか、で岐路にたたされ、ついに内部分裂をひきおこしたからである。いわゆる事大党・独立党、もしくは穏健開化派・急進開化派という色分けと両者の相剋が、このとき鮮明となった。
壬午変乱後、清朝に使した趙寧夏一行が前者、日本に使した朴泳孝・金玉均たちが後者に属しているのは、すこぶる興味深い。任務・役割によって、かれらがそうなったのか、一人ひとりが有する志向・政見のために、それぞれの任務をわりふられたのか、そのあたりはわからない。けだし双方こもごも、因となり果となるといったところだろう。
そこできわめて図式的にわりきれば、一八世紀以前の清朝に対する宗属関係・日本に対する交隣関係をひきついで、一九世紀末の条約・照会にいう「属国」「自主」の概念がそれぞれに対応する。その「属国」と「自主」に応じて、事大党・独立党に分かれる、という構図になる。

そしてこれを当時の党派抗争という観点から見れば、閔氏政権の要人が多い事大党が優勢、独立党は圧倒的に劣勢だった。制度改革や借款獲得など、独立党の企画した活動が、いっこうに効を奏さなかったからである。

かれらにしてみれば、清朝の圧力はいわずもがな、それにくみし、迎合する事大党の存在こそ、その元凶にほかならない。かくて両者の対立は急速にけわしくなり、金玉均はついに一八八四年一二月四日、同志の朴泳孝らとはかって、クーデタを決行した。甲申政変である。

朝鮮の対外姿勢

政府の要人を殺傷し、王宮を制圧した独立党は、いったんは国王高宗の支持を得て、政権を奪取する。ところが政変勃発後、三日にして袁世凱《えんせいがい》率いる清朝軍千五百が介入したために、その勢力はあえなく潰滅、金玉均・朴泳孝は日本に亡命した。

文字どおり三日天下で挫折したこのクーデタは、たんなる朝鮮国内の政権争奪ではなく、はじめから日清を交えた国際問題であった。そもそも日本公使館が関与して発生し、清朝軍がその日本公使館をも攻撃して収束したからである。そしてその顚末からわかるように、そこには朝鮮側の対外姿勢の振幅が反映している。

事大党と独立党とが分立したように、朝鮮全体としてみれば、その対外的な態度はかなりまちまち

魚允中（田保橋潔『近代日鮮関係の研究』下より）

だった。たとえば、王室に近い趙寧夏と朴泳孝がそれぞれ、両党派の対極に立っていたように、個々人の立場、政見の異同によって隔たりが生じた、という事情は、容易にみてとれるところであろう。

しかしそればかりではない。閔氏一族のホープ、閔泳翊ははじめ、朴泳孝・金玉均と日本に使し、清朝を非難し、「独立」をいいつのったはずだった。ところが翌年、アメリカに使して以後は、事大党の領袖におさまっている。同一の人物でも、両極を揺れ動いたわけであって、まさか閔泳翊の政見が一朝にして、根底から別のものに置き換わったわけではあるまい。

そうであるなら、両極は決して個々バラバラなのではなく、むしろ同じ考え方のヴァリエーション、振れ幅といったほうがふさわしい。穏健開化派・急進開化派というネーミングも、そんな機微をいいあらわしていよう。そして「開化」ばかりにとどまらず、対外的な姿勢においても、その同じ考え方、幅のある振れの基点となる軸、固定点に相当するものが存在する。それが「朝鮮は清朝の属国だが、内政・外交は自主だ」という照会であった。

事大党・穏健開化派の魚允中《ぎょいんちゅう》いわく、

「朝鮮のことを自主というのはよいが、独立といっては誤りである。清朝ができてからこのかた、正朔《せいさく》を奉じてきちんとつかえてきた。どうして独立などといえようか」（『清季中日韓関係史料』）

日本人が朝鮮を目して「独立」というのに反駁したこの発言は、それでも「自主」を留保し、かつまた清朝との関係を「正朔を奉じ」るなど、儀礼的なものと説いているところに着眼すべきである。

同じことを独立党・急進開化派の尹致昊《いんちこう》にいわせれば、

尹致昊（『尹致昊日記』第1巻、国史編纂委員会、1971年より）

「わが国はアメリカ・イギリスなどと条約をむすんだ日、ただちに独立国となった。この世に属国と平等の条約をむすぶという道理など、あるはずもないからである」（『尹致昊日記』）

となる。「自主」とはとりもなおさず「独立」なのであって、「属国」という概念は、「世上」の、つまりわれわれの想起するものと定義したうえで、これをことさら否定しようとする。

両者の言い分をみると、朝鮮を「自主」だとする認識は共通でありながら、「属国」をどうみるかで異なる。つまり両者の振幅は、清朝に対する態度いかんによって生じてくるわけである。

政変前後の模索

照会に清朝の「属国」だと謳っていても、閔泳翊がパークスに語ったとおり、その具体的内容は、たんに朝貢など、「一定の儀礼」にすぎず、ただちに従属を意味するわけではない。それが朝鮮側全体に共通する認識である。

にもかかわらず、清朝はその属国を口実として、朝鮮に圧力をかけてくる。それならその圧力を、ある程度やむなしとうけとめて対処するのか、まったく否定してしまうのか。甲申政変をおこした金玉均たちが選んだのは、後者であった。

かれらがクーデタ決行の翌日、一八八四年一二月五日に新政府を組織して発した改革方針宣言の第一条には、大院君の帰国を求めるのに附記して、「朝貢の虚礼は、議して廃止を行ふ」という一文がある。清朝の圧力を絶つためには、その口実をなす属国、「朝貢の虚礼」こそ、否定しなくてはならない。そうした関連に思いいたったことによる宣言だったのであろう。

もっとも、その方法をとるなら、正面から清朝に立ち向かわなくてはならない。案の定、清朝と衝突をきたして、この直截な、急進的な方法は、無惨にうちくだかれた。ラディカルに振れすぎた方向は現実の壁にはばまれて、不可能なことが明らかになる。

それでも「自主」である以上は、清朝の圧力に無条件に屈するわけにはいかない。とりわけ清朝の出先当局者とべったり協力的に失する方向は、朝鮮政府のいさぎよしとするところにはならなかった。何となれば、李鴻章が甲申政変ののち、年若く精力的な袁世凱を清朝側の代表として送りこんだのにくわえ、中国に抑留していた大院君を送還して、朝鮮政府をおさえこもうとする姿勢をいっそう露骨に示したからである。

閔氏政権はふたたび、清朝軍のおかげで復活することができた。しかし仇敵たる大院君を擁されては、清朝に対する嫌悪と警戒を禁じえない。このとき穏健開化派の金允植・金弘集が、清朝に近すぎるとして遠ざけられたのも、そのためだった。朝鮮政府はかくして、あからさまな反清・親清、いずれでもない「自主」路線を模索する。

こののち毎年のように、清韓の関係はこじれて、危機があいついで訪れる。たとえば、一八八六年、朝鮮がロシアの保護下に入る密約をむすんだ、という疑惑がもちあがった。翌年には、清朝の意向を顧慮せず、欧米に常駐全権公使を派遣しようとしたことで争論になる。その翌年には、直接ロシアとのあいだに陸路通商条約が締結されて、やはり密約の存在が取り沙汰された。

こうした対立のなか、ほとんどすべての事件に関与し、きわだった役割を演じたのは、朝鮮政府の外国人顧問である。かれらの言動に当時の朝鮮政府の意向が、集約して示されている、といっても過言ではない。

デニーの赴任

一八八〇年代において、朝鮮政府の外国人顧問といえば、メレンドルフとデニーのふたりである。前者はドイツ人の言語学者、後者はアメリカ人の法律家だったから、およそ共通するところはなさそうにみえる。しかしその経歴は大いに重なり合う。いずれも外交官として中国に駐在したことがあり、しかも李鴻章とすこぶる親しい間柄にあった、という点である。

そもそもこの外国人顧問は、すでに述べたとおり、壬午変乱が収束してから清朝の、もっと正確にいえば、馬建忠の発案で、派遣したものである。したがってはじめて任命されたメレンドルフはもとより、その後任のデニーも、本来は李鴻章の肝煎りによる、清朝の代弁者となるべき存在だった。ところが現実には、決してそうはならなかった。二人ともするどく清朝と対立するにいたった、という事実経過に、当時の清韓関係のありようが作用している。

メレンドルフについては、後述に譲ろう。当時の朝鮮が有した主張、姿勢というものを文章で表現してくれたのは、一八八六年から九〇年まで在任したデニーのほうである。

デニーはオハイオ州の生まれだが、少年期に移住してからは、ずっとオレゴン州の人であって、同州の裁判所判事をつとめたのち、中国へ領事として赴任した。天津領事をへて上海総領事にまで昇進し、李鴻章と親しくなったのも、このときである。

一八八三年末に中国を離れ、ポートランドの自宅に暮らしていたところ、翌々年の七月、天津から招請の電報がとどいた。受諾してアメリカを発ったのが同じ年の暮れ、李鴻章との打ち合わせをへて、ソウルに赴任したのは、一八八六年三月末のことである。

李鴻章は法律にくわしいデニーの能力に期待していた。とりわけ清韓の関係に対し、疑念をもつ西洋諸国の策動を未然に防ぐため、そのよりどころとする国際法の知識が求められたわけである。さきに派遣していた袁世凱と一対をなして、朝鮮政府を清朝のめざす方向に導くことが、デニーの任務だった。

しかし李鴻章が思い描いたとおりに、その任務が周囲に認知されたかどうかは、自ずから別の問題である。西洋諸国、朝鮮政府はいわずもがな、当のデニーもまた、しかりであった。

デニー（*Oregon Historical Quarterly,* Vol. 83, No. 1, 1982, Springより）

かれが着任してまもなく見いだしたのは、袁世凱の専横である。ことあるごとに、朝鮮の内政・外交に干渉したばかりか、密輸など華人の不法行為を黙認、奨励し、国王の地位を脅かすにいたっては、言語道断だった。

デニーはそこで、くりかえし袁世凱の更迭をもとめ、李鴻章に直談判さえこころみた。その横暴を制することが、むしろ自分に負託された道だと信じたのである。

『清韓論』

袁世凱とことごとく対立を重ねた二年間の任期が、終わりを迎えようとするころ、デニーは決意をかためて、清朝の朝鮮政策を批判する文章を公にすることにした。それが『清韓論《しんかんろん》』（*China and Korea*）というパンフレットである。

『清韓論』はパンフレットであった以上、多かれ少なかれ、一定の思惑をもった宣伝媒体で、デニー自身の一方的な主張にほかならない。けれどもその内容は、かれ個人の主張という以上に、朝鮮が自ら望む国際的地位を表現したものであって、その意味で味読に値する。さわりだけ、見てみよう。

国際法はまた同時に、弱体な国家にも目を配り、独立国の地位を保とうとする朝鮮の苦闘をも考慮に入れてしかるべきである。西洋列強はこの小王国を何世紀ものあいだ神秘のなかに封印してきた隠遁状態から、文字どおり引きずり出し、圧迫や不当な待遇を受けたら援助する、との御墨付きをあたえて文明国の社会に加入させた。それなら、その新たなメンバーが、国際社会で生きてゆくまさにその入口で、抑圧されるにまかせては、約束をやぶるにひとしい。かの列強はそんなことを絶対にゆるさないだろう。

これは西洋諸国が朝鮮と条約をむすんだことで、朝鮮の「独立」は国際的にも承認されたものとみなし、そうであるがゆえに、その「独立」を貫徹しようとする朝鮮の動きは国際法上、正当であり、逆にその「独立」をさまたげるのは、国際的に許されない行為だというにある。さきにみた尹致昊の発言と相通ずるものがある。

もっともこのように、ただひたすら、「独立」だけを強調したわけではない。

朝鮮はしかし、清朝の朝貢国である。この朝貢関係は過去、誠心誠意つづけられてきたし、清朝が朝鮮を友好的かつ正当に遇するかぎり、朝鮮はその継続を心底から望むものである。それで

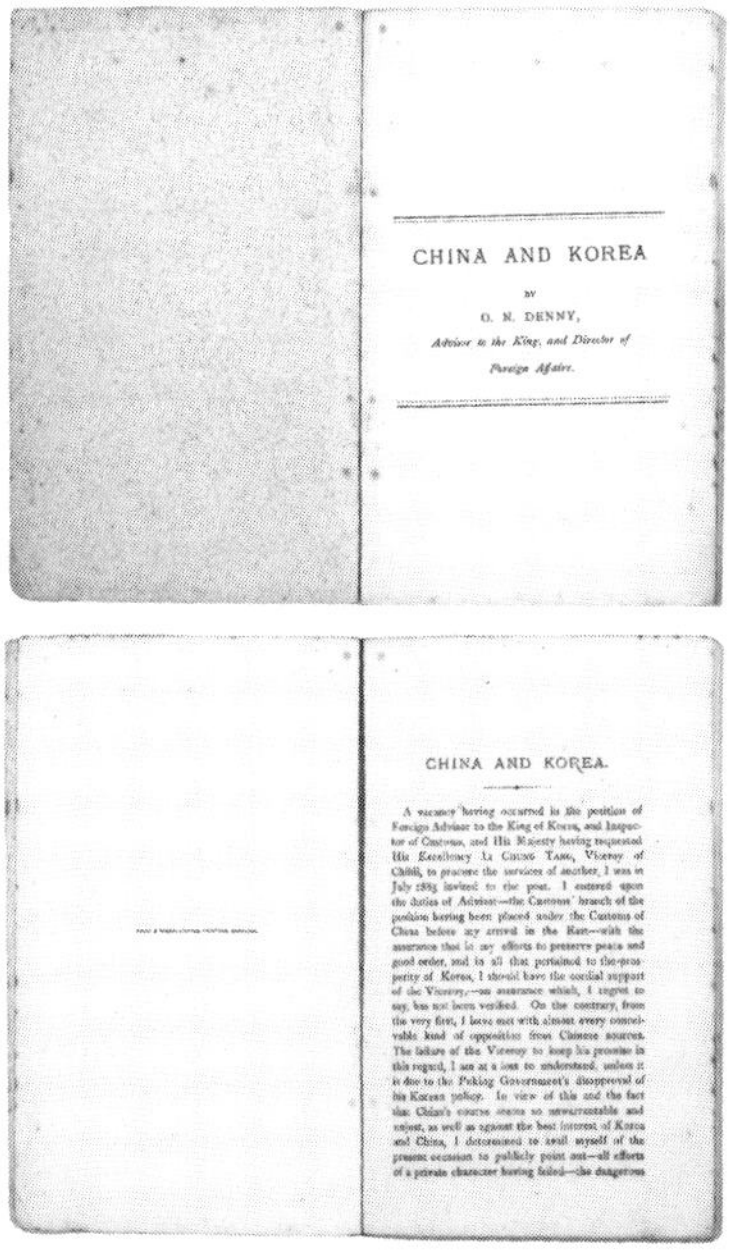
CHINA AND KOREA

BY

O. N. DENNY,

Advisor to the King, and Director of Foreign Affairs.

CHINA AND KOREA.

A vacancy having occurred in the position of Foreign Advisor to the King of Korea, and Inspector of Customs, and His Majesty having requested His Excellency Li Chung Tang, Viceroy of Chihli, to procure the services of another, I was in July 1885 invited to the post. I entered upon the duties of Advisor—the Customs' branch of the position having been placed under the Customs of China before my arrival in the East—with the assurance that in my efforts to preserve peace and good order, and in all that pertained to the prosperity of Korea, I should have the cordial support of the Viceroy,—an assurance which, I regret to say, has not been verified. On the contrary, from the very first, I have met with almost every conceivable kind of opposition from Chinese sources. The failure of the Viceroy to keep his promise in this regard, I am at a loss to understand, unless it is due to the Peking Government's disapproval of his Korean policy. In view of this and the fact that China's course seems so unwarrantable and unjust, as well as against the best interest of Korea and China, I determined to avail myself of the present occasion to publicly point out—all efforts of a private character having failed—the dangerous

『清韓論』

も、一国が別の国ともつ朝貢関係は、その主権、独立権にまったく影響しないし、するはずもない。したがって、朝鮮の清朝皇帝に対する毎年の貢納は、決して朝鮮国王の主権・独立を傷つけるものではない。

清朝とのあいだに朝貢関係が存在するのを認めたばかりか、朝鮮はその「伝統的な関係」を継続したいと思っているとも述べる。これは上に引いた魚允中が強調したところであり、そんな清韓関係のありようは、デニーも否定していない。

けれどもそれは、国際法のいう「独立」をさまたげるものではない。ホイートンの『万国公法』(Henry Wheaton, *Elements of International Law*)を引用して、そのことを立証しつつ、朝鮮の態度・行動はその範疇を何も逸脱していない、現在、清韓の関係がおかしくなっているのは、「清朝側からうけつづけている不法で高圧的な処遇、朝鮮を併合して、その主権を破壊しようという故意で執拗な試み」によるのであって、朝鮮の責任ではない、とうったえたのである。

デニーの論理

このように、『清韓論』のとなえるところは、すこぶる明快である。そこであらためて、その「属国自主」との関係に着目しよう。『清韓論』は立論にあたって、朝鮮国王がアメリカ大統領に送った照会をよりどころにしており、この点、朝鮮政府の立場とまったく軌を一にする。デニー本人も自覚していたとおり、『清韓論』は当時の朝鮮の姿勢・主張を代弁し、いっそう鮮明にしてみせたものであった。

デニーはアメリカ人だから当然、照会の英文テキストに依拠し、英語で思考した。いわゆる「属国」にあたる英文テキストは a state tributary to China、「自主」は full sovereignty である。こうした術語にもとづき、国際法を援用することで、朝貢国＝独立国という図式を導きだしたわけである。

だから照会の漢文テキストにいう「属国」をたとえば、従属国 vassal state とみるのも、それに相当する待遇をするのも、誤解であるばかりか、不法だということになる。逆にいえば、朝貢など儀礼的な関係を継続するかぎり、「属国」を謳う照会にそむいたことにはならない。

壬午変乱後に朝鮮政界は、「属国」「自主」の概念と対処をめぐって、事大党・独立党の分立と相剋という極端な振れ幅を示した。そして甲申政変で後者の方向が、大院君帰還で前者が、あいついで消滅する。

それなら、あとに残った政権には、それなりの「属国自主」の定義があったはずであり、『清韓論』にいたって、あらためてそれが明白になった、とみるべきだろう。すなわち「属国」の内実は儀礼的な朝貢、「自主」の内容は国際法にいう「独立」に該当する。それでいずれにも逸脱しない、という姿勢である。

『清韓論』は英文の著述なので、何よりもまず外国人に読ませ、うったえる目的で執筆されたものだった。しかしデニーは中国語版の発刊も期していたから、もちろん清朝へ向けた批判でもある。そして清朝・李鴻章も、つとにそれを悟って、デニーと『清韓論』を非難しただけではなく、かれの雇用契約を延長した朝鮮政府にも怒りを向けた。デニー本人はもとより、かれを庇護し、野放しにした朝鮮側の態度のほうが、むしろ問題だったのである。

デニーを派遣した李鴻章のねらいは、まったく逆の方針で、清朝の意にそうようはかるにあった。にもかかわらず、デニーが朝鮮に赴任するや、出先の袁世凱と対立し、『清韓論』を出すまでになったのは、李鴻章にとってきわめて皮肉な結果であり、両者のあいだに当初より、根本的な認識のギャップがあったというほかない。

そしてそれは、李鴻章とデニーという個人にとどまらず、清朝と朝鮮という政府レヴェルにおいても、やはり同じことがいえよう。

『清韓論』を読むことで、朝鮮の姿勢はかなりよく見えるようになった。それでは、あい対した清朝のほうは、どうだったのか。あらためて、時をさかのぼってみなくてはならない。

2 清朝の「属国」追求

清朝と甲申政変

壬午変乱以降の清朝の動きを一言でまとめれば、馬建忠が定義した「属国自主」、「属国」実体化の方針をおしすすめたといえる。だがそれは決して、円滑にはかどったわけではない。

馬建忠の身代わりとして派遣された、実兄の馬建常が一年足らずで帰国したこと、イギリス・ドイツが朝鮮と直接に条約を結びなおしたことなど、その開始早々、朝鮮あるいは外国の隠然たる抵抗に遭い、つまづきをみせている。

それでも甲申政変までは、清朝軍のソウル駐留もつづき、清朝に協力的な勢力が優勢となって、既定の方針はそれなりにすすんでいた。それが転換をみせるのは、やはり甲申政変とそれに続く一連の事件を経てからのことである。

甲申政変のクーデタは失敗に帰したけれども、清朝にとっては、それで事態が復旧したわけではない。親日勢力は瓦解しても、政変で潰滅した親清勢力が力をとりもどすことはなかったし、何より以後の朝鮮側の動きが不穏であった。

清朝の政策方針の根拠をなしていたのは、日本への警戒である。朝鮮が琉球の二の舞になって、日本に併合されたりしたら、清朝の安全に重大な脅威となりかねない。そこで朝鮮に、西洋諸国と条約をむすばせ、「属国自主」を明文化したのである。その標的は、どこにもまして日本にあった。

だから甲申政変で日本の勢力が減退したところまでは、あるいは清朝の思惑どおりだったのかもしれない。しかしまもなく、朝鮮が思わぬ行動に出た。ロシアとの提携である。その動きの先頭に立っていたのが、外国人顧問のメレンドルフであった。

メレンドルフと露朝密約

メレンドルフはベルリン北方のツェーデニックに生まれ、ハレ大学で東洋学・言語学を研究、一八六九年に中国へやってきて、西洋人が管理する清朝の税関に就職した。一八七四年にドイツ帝国の外交官となり、天津駐在の副領事にまで昇進し、李鴻章・馬建忠と親しい関係になる。ところが、日本でもおなじみの、時の北京駐在公使ブラントと関係が悪くなって、一八八一年に副領事を辞した。朝鮮赴任の打診をうけたのはその翌年の七月、のちソウルに向かったいきさつは、すでに述べたとおりである。

メレンドルフは朝鮮政府において、税関長と外務次官にあたるポストを兼任し、貿易事務と外交交渉を一手にあつかった。さらには、関連する経済・教育事業をも担当し、精力的に活動する。

そこで新貨幣の鋳造や関税収入の使途をめぐって、金玉均とぶつかりあい、メレンドルフにとって、独立党は不倶戴天というべき政敵となった。だから甲申政変では、かれは率先して、金玉均たちを弾圧したのである。

けれども、親日的な独立党を弾圧したから、とりもなおさず親清だというわけにはいかない。清朝の圧力を不当だとする見解では、メレンドルフは政敵の金玉均と同じであり、日本とむすぶかどうかにかかわりなかった。

メレンドルフが朝鮮の外国人顧問に就任したのは、清朝の負託を受けたものである。しかしかれ自身の理解では、清朝は朝鮮を「朝貢国」だと位置づけているはずであり、「朝貢国ならその内政は、清朝の影響から完全に独立しなければならな」かったのである。

この点は金玉均はもとより、さきにみたデニーの理解・立場とも、ほとんどかわらない。もっとも、周囲の情況や採用した手段は大いに異なる。

当時の朝鮮はかつてないほど、多くの国と関係をむすぶようになっていた。その外交実務を担当したメレンドルフは、清朝の圧力に抗しうる態勢を、対外関係の方面で構築しようとしたのである。そこで選択したのが、ロシアだった。

甲申政変で軍事衝突した日清両国は、伊藤博文と李鴻章の交渉を通じて、朝鮮から双方の軍隊を撤退させることで合意した。一八八五年四月の、いわゆる天津条約である。時を同じくして、メレンドルフはその後の朝鮮に、ロシアから軍事教官を招く計画をたて、秘密裏にロシア側と一定の諒解に達した。しかもその目標は、軍事教官招聘のみにとどまらない。ほかならぬ清朝の勢力に対抗するため、朝鮮をロシアの保護下に入れようとするにあった。

メレンドルフ（Lee, Yur-Bok, *West Goes East, Paul Georg von Möllendorff and Great Power Imperialism in Late Yi Korea,* Honolulu, 1988より）

ロシアからの軍事教官招請計画が発覚するや、清朝の側はただちに、それが自らの利害に反すると悟り、メレンドルフの背信に激怒して、かれを失脚させた。これが第一次露朝密約事件である。

密約は実現しなかったけれども、それが与えた衝撃は決して小さくはない。朝鮮半島をめぐる国際情勢は、それまで実質的には、日清韓の三国間関係で構成されていたのが、ロシアの登場によって、にわかに複雑化した。一国が増えたというにとどまらない。ほかの国も連動して、新たな関わりをもってくる。同じ時期、ロシアの動向を警戒したイギリスが、朝鮮の巨文島《コムンド》を無断占領したのは、その代表的な事例である。

清朝もそうなると、もはや日本ばかりを標的にして、事足れりとするわけにはいかない。複数の国の動向をにらみあわせる必要が出てくる。それでも、まず確実におさえるべきは、朝鮮の動きであった。何よりも朝鮮に対する施策をにわかにあらためはじめたゆえんである。

袁世凱の登場

このとき白羽の矢が立ったのが、弱冠二十七歳の袁世凱である。のちに中華民国初代大総統となるかれも、壬午変乱の当時は、清朝の朝鮮派遣軍の一参謀だったにすぎない。ひきつづきソウルに駐在したかれは、甲申政変にあって、果断迅速な攻撃にふみきり、たちまちにしてそのクーデタを水泡に帰せしめた。かれの才腕はここで一躍、李鴻章の嘱望するところとなる。

一八八五年の九月に大院君を護送して朝鮮に赴き、いったん帰国したのちの一一月、総理朝鮮通商交渉事宜という任務を与えられて、ふたたびソウルに駐在した。爾来《じらい》十年、清朝の代表として朝鮮政府に臨むことになる。

袁世凱は若き軍人である。それだけに思考も行動も、より直截で徹底していた。かれが大院君をソウルに送りとどけたとき、朝鮮国王高宗に提出した意見書がある。名づけて「摘奸論《てきかんろん》」、つまり奸悪なる人物を摘発駆逐せよ、と論じるこの文章は、かれ個人の認識である以上に、当時の清朝の立場を直言したものとみることができる。

まず説き起こすに、

朝鮮政府に、「ロシアの保護を引き入れれば、他国は朝鮮を侮れなくなる」とひそかに教唆する者がいる。

袁　世　凱（Robert R. Swartout, Jr., *Mandarins, Gunboats, and Power Politics: Owen Nickerson Denny and the International Rivalries in Korea,* Honolulu, 1980より）

という。メレンドルフの露朝密約をさすのは、くりかえすまでもない。この教唆に反駁して、

いまロシアが、朝鮮を服属させ領有する、といわずに、朝鮮を保護する、というのは、名目をすりかえて朝鮮をあざむこうとするもので、保護の名をかりて蚕

食併呑をほしいままにしようとしているのだ。

と断ずる。そのうえで、おもむろに清朝の立場をとなえる。

そもそも保護の権というのは、上国だけが有するものだ。壬午・甲申での内乱平定がその明証である。

と言い放ち、朝鮮に対する「保護の権」は、「上国」たる清朝が独占すべきだと主張する。そして、

清朝の属国というのは、内政・外交はその自主による。西洋の場合はそうではない。ただ年金をもらうだけで、内政外交は自主できず、とりたてた財貨も、宗主国のものになってしまう。

と清朝の「属国」と西洋流の属国とのちがいを述べ、どちらがよいのか、と迫ってしめくくるのである。

ここで注目すべきは、冒頭の「保護」と末尾の「属国自主」であり、緊密な連関を有している。この二つの論点をもとに、当時の清朝の姿勢をさぐってみよう。

清朝側の論理と袁世凱の任務

清朝の側はこのときまで、とりたてて朝鮮に対する「保護」など、口にしていない。それどころか、一八七一年の辛未洋擾のように、それをいわれると、むしろ迷惑に思っていたのである。

もっとも、迷惑に思ったのは、朝鮮のほうから紛争を押しつけてくるからであって、「保護の権」それ自体は留保しているのが前提である。そんなことは、口に出して言わなくとも、自明であった。留保する「権」を行使するかどうかは、清朝じしんの問題で、誰に指図されることではない。

ところがここに及んで、その「保護の権」を「上国だけが有する」とことさら言わねばならなくなったのは、とりもなおさず、もはや「上国だけが有する」わけではない現状となったからである。具体的にいいかえれば、朝鮮からロシアの「保護」をつきつけられたことで、「上国」に固有たるべき「保護の権」を、にわかに意識しはじめた。従前はあたりまえだと思い、しかもかえって紛糾をまねくとみて、あえて口にはしなかった「保護」の重要性を、再認識するにいたったのである。これ以後、むしろ清朝のほうから積極的に、朝鮮の「保護」をとなえるようになった。

さて「属国自主」のほうは、それまでの定義をひきついでいる。しかしその内容は、必ずしも従来のくりかえしではない。何より「保護の権」を確保しなくてはならないから、「属国自主」もそれが大前提となった。つまり「上国」が「保護」する「属国」、そうした側面にいっそう比重がかかるようになる。

そこで具体的には、まずロシアなど西洋諸国にも、そうした清朝の「保護」を認めさせなくてはならない。そのためには、西洋にもわかるように、「属国」の関係を示してゆく必要がある。法律にくわしい西洋人のデニーを朝鮮政府の外国人顧問に任命したのは、そんな動機によるものだった。それが裏目に出たのは、すでに述べたとおりである。

同時に、「保護」を清朝に仰がぬ朝鮮の行為は、とりもなおさず「上国」と「属国」の関係を破壊する、すなわち朝鮮国王が承認した照会に背く、とみなすようになった。その行為が、名目しか認めていないはずの、内政外交の「自主」にもとづいていたとすれば、それはぜひ弾圧しなくてはならない。

袁世凱の任務は、そこにあった。その肩書「総理朝鮮通商交渉事宜」は「朝鮮の通商・交渉の事宜《ことがら》を総理す」と読み下すことができ、文字どおりの意味は、公使級の外交官の任務である。かれはしかし、他国の公使と同列に行動するのをことさら忌避した。肩書の英訳もResidentである。けだし英領インドの藩王国に駐在するイギリスの「駐在官《レジデント》」をもじったもので、西洋諸国にむけては、自身を宗主国の属国に対する代表、朝鮮は清朝の保護国だと示唆していたことになる。

朝鮮政府に対しては、いっそう露骨だった。かれはそもそも閔氏政権に対し、つよい不信感をいだいていた。清朝が解放し、自分が護送してきた大院君を、到着してまもなく、軟禁したからである。そんな不信はすぐに、現実の局面となってあらわれた。一八八六年八月、朝鮮国王がまたぞろ、ロシアに保護をもとめる、という第二次露朝密約事件がおこったのである。

この事件の真相はよくわからない。袁世凱の謀略だとする説も、当時からあった。ともあれ、袁世凱じしんはこれを機に、清朝から朝鮮へ派兵すること、国王高宗を廃することを李鴻章に進言する。あくまで強硬だった。

この献策は容れられなかったけれども、袁世凱は以後、朝鮮のそうした行為が、「自主」の名のもとに起こるとみとめ、これを「属国自主」ではなく、「斥華自主」「背華自主」、つまり清朝にそむく「自主」だと指弾して、弾圧を加えようとした。こうして、元来「自主」だったはずの内政外交に、ことごとく干渉したばかりか、翌一八八七年には、ふたたび高宗の廃位を画策している。これで、デニーとの対立も決定的になって、『清韓論』の公刊にいたるのである。

袁世凱はとにかく精力的であった。自らの行く手をはばむものがあれば、ことあるごとに立ち向かった。アメリカの臨時代理公使をつとめていた海軍軍人フォークが、自分に批判的で高宗と親密だと見るや、通謀敵対のおそれあり、としてこれを排斥し、朝鮮政府の欧米常駐公使派遣が清朝に不利だと悟るや、八方手をつくしてこれを妨害し、そのたびに争論を醸し出した。

袁世凱の名刺。名前の左横に「H.I.C.M. Resident」の文字が見える。

上司の李鴻章も、軽躁にしてやりすぎだ、とたしなめながら、しかし袁世凱を更迭はしなかった。その役割を不可欠だとみとめていたからである。

そんな袁世凱も、究極的なよりどこ

ろとしたのは、「属国自主」の照会である。いわゆる「属国」の意味は、もはや朝貢など儀礼的な関係ばかりにとどまらなかった。けれども、かれのめざす「保護」が「属国自主」をよりどころとする以上、旧来の宗属関係、伝統的な儀礼と切り離すことはできない。その存在を西洋諸国に向けて、朝鮮政府に向けて、アピールし、立証しなくては、自分の行動も正当化しきれないのである。そしてその機会は、まもなく訪れた。

諭祭の使節

一八九〇年六月四日、朝鮮の神貞大王大妃趙氏が八十三歳で没した。彼女はさきにみたとおり、国王高宗の母后、四朝を閲《けみ》した朝鮮宮中の長老にして、高宗擁立の最終決定者でもあった。そんな人物の逝去であるから、内外に大きな影響を及ぼさないはずはない。清韓の関係もその例外ではなかった。

旧来の宗属関係には、属国の国王が亡くなったら、上国の天子が使節を派して、弔い祭る諭旨をもたせる、という儀礼慣行があり、これを諭祭という。趙氏は国王ではないが、その尊属なので、このときも諭祭の使節派遣がきまった。

その正使に任じたのは続昌《ぞくしょう》、副使は崇礼《すうれい》という人物で、二人とも八旗の旗人である。一〇月一五日に拝命した両人は、三〇日、北京を出発、一一月四日に天津を発って海路、仁川へむかい、二日後に到着。ソウルに入ったのは一一月八日、とどこおりなく諭祭の儀礼をおえ、宿舎で「茶宴」のもてなしをうけたのち、一一月一一日、ソウルを出発、天津についたのは一六日、一一月の末、北京にのぼって復命した。

こうしてたどってみると、使節の派遣も論祭の儀礼も、ごく無事にすすんだかのように見える。しかし実際は決して、そんなことはなかった。

この使節派遣は、つとに趙氏が危篤に陥ったときから、袁世凱が企画にとりかかっていたものである。この機会をとらえて、しかるべき清朝と朝鮮の関係を表明する心づもりだった。かれはここでも、積極的に動いている。

それとは対蹠的に、朝鮮の側はすこぶる消極的だった。慣例にしたがうなら、朝鮮のほうから、趙氏の逝去を清廷に知らせ、論祭を願い出なくてはならないのに、なかなかその使者を派遣しようとはしなかった。

それればかりではない。三ヵ月あまりのち、ようやく北京にやってきたその使者は、今回は論祭の使節にお出でいただくにはおよばない、と言い出したのである。財政難で使節を接待供応できない、というのがその理由だった。

もちろん清朝の側は、これを自らに反抗する動きだとみなして、その要請を却下した。朝鮮側の口実を封じるために、接待の費用がかさまないよう、海路汽船で使節を往復させることにする。

宗属関係における使節の往来には一定のルートがあり、朝鮮の場合には、陸路をたどるのが慣例だった。だから海路にしたのは、長期間にわたる旅程を大幅に短縮する変更なのだが、これにはもうひとつ、ねらいがある。汽船のつく港には外国人が居留しており、そこに使節がやってくる、ということである。

袁世凱は朝鮮側が忌避する理由を、「外国が環視しているから、使節をうけいれては、清朝の属国たることの証明となり、朝鮮の自主の体面をそこなう」のをおそれたと説明する。

朝鮮政府の真意は確定できないけれども、清朝側はこのように判断して、朝鮮側の忌避する方向にことをすすめた。外国人にこそ、諭祭の使節と儀礼をみせつけなくてはならぬ、というわけである。朝鮮側もさんざんしぶったあげくに、けっきょくそれを受け容れたのは、儀礼そのものを否定する考えはなかったためであろう。

『使韓紀略』の刊行

袁世凱はこの諭祭がおわると、その顚末をまとめて『使韓紀略《しかんきりゃく》』という小冊子を刊行した。日を逐った日記体の書物だが、そのきわだった特徴は二つある。

ひとつは、そのおよそ三分の一の分量を、諭祭の儀式次第とそこにまつわる各種儀礼の手続細則、いわばプログラムの引用が占め、日記体にしては、すこぶるアンバランスな構成になっている点である。

これは儀式・儀礼の内容を記録に残す、というだけにはとどまらない。しかじかの儀式が行われた日付には、必ずおわるごとに、「プログラムどおり行われた」というコメントが付いている。こうした記述には、朝鮮側がそれをまちがいなく実演してみせたことを、後世にまで知らしめるねらいがあった、とみるべきだろう。しかるべき清韓関係はなお健在だ、というアピールにほかならない。

いまひとつは、『使韓紀略』の英文版が同時に刊行されたことである。もちろん外交当局者をはじめとする外国人の眼にふれるようにするためである。袁世凱が出来早々、イギリスのソウル駐在総領事に献呈したことからも、それがわかる。

かれは英文版を刊行するにあたり、これで清韓関係について、勝手なデマを流す外国人もいなくなろう、という見込みを述べている。儀礼の当事者にとどまらず、むしろ局外の関係者に対して、しかるべき清韓関係のありようを知らしめようとするねらいだったのである。

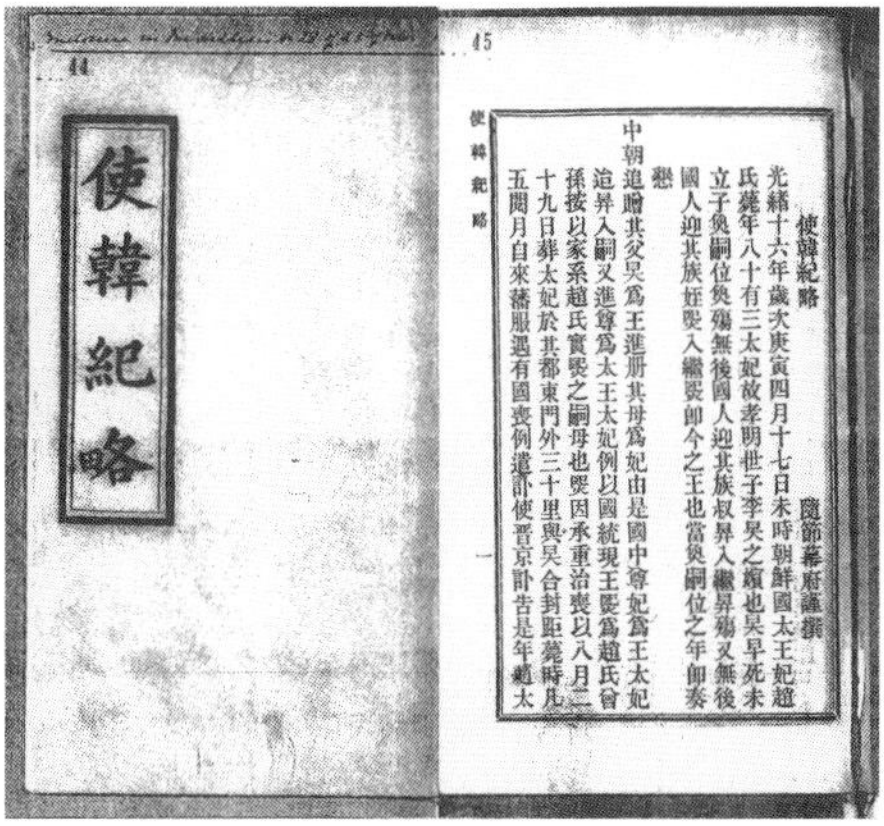

『使韓紀略』

そもそも論祭の儀礼と使節の派遣には、清韓の宗属関係を西洋各国・西洋人に見せる、見えるようにする目的があった。それなら、それを文字にした『使韓紀略』も、やはり誰にもまして、西洋人が読むべき記録であった。清韓関係のアピールは漢文にとどまらず、英文の世界にもおよぼさねばならなかった。

『使韓紀略』の末尾は一八九〇年一一月一四日、諭祭の正使・副使が朝鮮を離れるのを見送ったのち、

両使が皇上の小を字《いつく》しむの心と属邦を懐柔するの意とを仰体せること、尤も微として至らざる無し矣。懿《よ》きかな、休《よ》きかな。豈に盛んならざらんや。

という一文でしめくくる。いかにも中華的な文章だが、これを英文版は、

The Emperor's consideration for his vassal state as evinced by his thoughtfulness in matters pertaining to the Mission, is fathomless. How admirable and satisfactory! And how glorious!

と訳す。くだくだしい語釈はいっさい不要、注目すべきはただひとつ、「属邦」つまり「属国」をvassal state と訳したところである。

『使韓紀略』で朝鮮をさす言葉は、「属邦」のほかにも、「藩服」「東藩」「属藩」という表現もあるが、英文版はすべて、vassal state の訳語で統一する。もちろん偶然ではない。そこに清朝側の意図がはたらいている。

この用例をみて想起すべきは、デニーの『清韓論』の論旨である。『清韓論』は「属国」を tributary state（朝貢国）と訳すべし、vassal state（従属国）と訳すべからず、と主張していた。『使韓紀略』はいわばその向こうを張って、あえて「属国」をvassal stateと翻訳し、自らその対極に立ったものである。

　このように考えると、当時の清韓関係の構図も明らかとなってこよう。一言でいってしまえば、「属国」と「自主」に対応して、それぞれ清朝と朝鮮の立場が分かれていた、ということである。

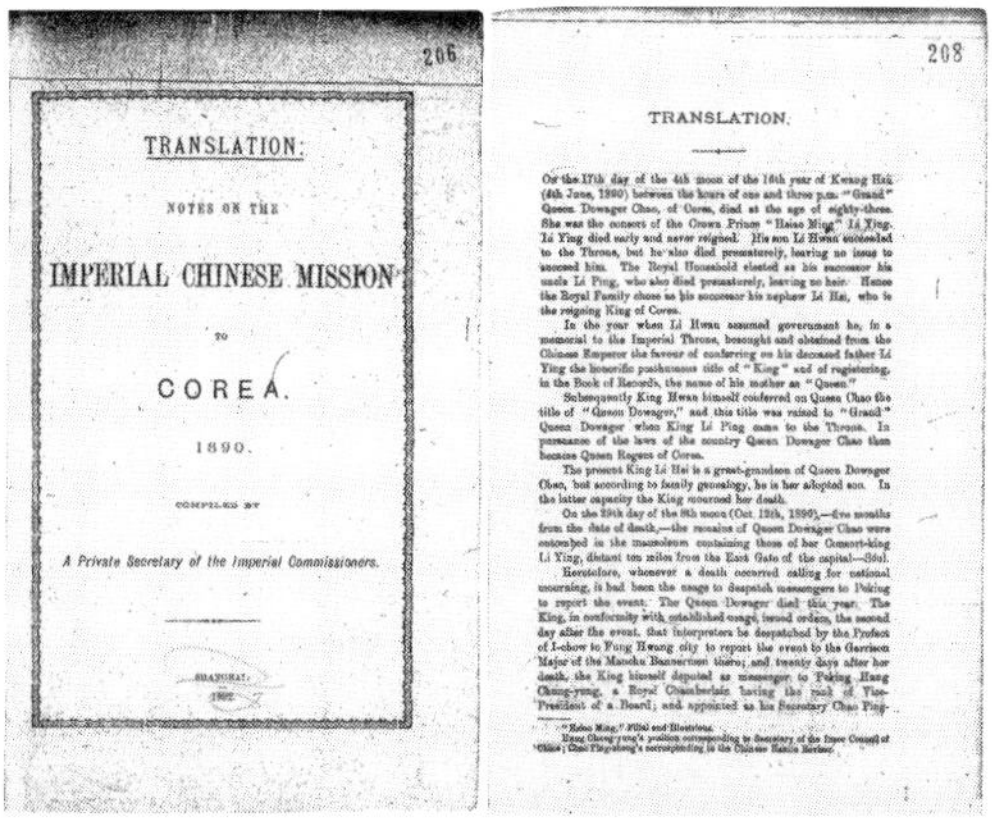

206

TRANSLATION:

NOTES ON THE

IMPERIAL CHINESE MISSION

TO

COREA.

1890.

COMPILED BY

A Private Secretary of the Imperial Commissioners.

SHANGHAI:

1892.

208

TRANSLATION.

On the 17th day of the 4th moon of the 16th year of Kwang Hsü (4th June, 1890) between the hours of one and three p.m. "Grand" Queen Dowager Chao, of Corea, died at the age of eighty-three. She was the consort of the Crown Prince "Hsiao Ming" Li Ying. Li Ying died early and never reigned. His son Li Hwan succeeded to the Throne, but he also died prematurely, leaving no issue to succeed him. The Royal Household elected as his successor his uncle Li Ping, who also died prematurely, leaving no heir. Hence the Royal Family chose as his successor his nephew Li Hsi, who is the reigning King of Corea.

In the year when Li Hwan assumed government he, in a memorial to the Imperial Throne, besought and obtained from the Chinese Emperor the favour of conferring on his deceased father Li Ying the honorific posthumous title of "King" and of registering, in the Book of Records, the name of his mother as "Queen."

Subsequently King Hwan himself conferred on Queen Chao the title of "Queen Dowager," and this title was raised to "Grand" Queen Dowager when King Li Ping came to the Throne. In pursuance of the laws of the country Queen Dowager Chao then became Queen Regent of Corea.

The present King Li Hsi is a great-grandson of Queen Dowager Chao, but according to family genealogy, he is her adopted son. In the latter capacity the King mourned her death.

On the 29th day of the 8th moon (Oct. 12th, 1890),—five months from the date of death,—the remains of Queen Dowager Chao were entombed in the mausoleum containing those of her Consort-king Li Ying, distant ten miles from the East Gate of the capital—Söul.

Heretofore, whenever a death occurred calling for national mourning, it had been the usage to despatch messengers to Peking to report the event. The Queen Dowager died this year. The King, in conformity with established usage, issued orders, the second day after the event, that interpreters be despatched by the Prefect of I-chow to Fung Hwang city to report the event to the Garrison Major of the Manchu Bannermen there; and twenty days after her death, the King himself deputed as messenger to Peking Hung Chung-yung, a Royal Chamberlain having the rank of Vice-President of a Board; and appointed as his Secretary Chao Ping-

"Hsiao Ming," Filial and Illustrious.

『使韓紀略』英文版

清朝は「属国」を儀礼から敷衍して、従属・保護の関係とみなすのに対し、朝鮮はたんなる儀礼にとどまるとする。それに対して、朝鮮は「自主」を国際法上の独立だとみなすのに対し、清朝はたんに名目だとする。

　一八八〇年代初め、朝鮮の政界が「属国」と「自主」に応じて、それぞれ事大党と独立党に分立・対立した情況は、十年足らずのあいだに、清朝と朝鮮の関係に移動したわけであり、今度はそれぞれがはっきり礼制と公法に依拠した点、特徴的である。

　この礼と法の立場をそれぞれ明文化したものが、『使韓紀略』と『清韓論』である。両者の主張がいわば対極に位置しながら、しかもいずれも英語で出版されたという事実は、みのがすことができない。つまりうったえる対象が、両者ともに外国人・西洋人であることを意味するわけで、それはすなわち、外国人・西洋人は対極的な立場のいずれにも、なお判然とくみしていなかった、ということになるからである。

清朝と朝鮮、「属国」と「自主」、礼と法という両極のあいだには、西洋諸国の動向という、はたらきかけるべき共通の局面が存在していた。そのことは一八八〇年代の清韓関係が、清朝と朝鮮の二国間だけでは決して完結しない構造をもっていた事実を意味し、それと同時に、西洋諸国の動向が逆に、清韓関係の性格と推移に影響をおよぼす可能性も示している。

それなら当時、日本もふくめて、その西洋諸国の動向は、いったいいかなるものだったのか。壬午変乱以後、『清韓論』『使韓紀略』にいたるまで、朝鮮・清朝のはたらきかけにいかに応じたのか、あるいは、どのように清韓双方へ影響をおよぼしたのか。その結果はどうなったのであろうか。ふたたび時をさかのぼって、みていかねばならない。

3 朝鮮保護の帰趨

朝鮮中立化構想

壬午変乱は日本にとって、はなはだ不本意な結末であった。済物浦条約の締結にいたった過程に、手抜かりがあったわけではない。あくまで朝鮮を独立国として遇し、朝鮮政府と直接の交渉をおこなって、満足いく規定をさだめることができたはずである。にもかかわらず、その日本のあずかり知らぬところで、清朝は大院君を拉致し、朝鮮の内政に干渉し、公然と朝鮮を「属国」としてあつかいつつあった。

こうした情況を朝鮮現地で目の当たりにして、深刻な憂慮をいだいた人物が、参事院議官の井上《いのうえ》毅《こわし》である。かれは一八八二年八月二〇日、朝鮮政府との交渉にあたっていた花房義質を補佐するため渡韓を命ぜられ、済物浦条約の締結交渉に参与し、九月一六日に帰国、下関についた。

井上毅

かれのみるところ、清朝は「その素論ヲ実行」し、「属邦自主之二点、並行不悖《もとらざる》之意味を顕し」ながら、朝鮮に対し「属国名称に違はざる」「十分之干渉」をおこなった。日本がそれに対し、「支那之属邦論を実地ニ黙許したる之形迹あるハ、実ニ遺憾とすへき」事態だったわけで、馬建忠の定義した「属国自主」とそれに即した行動とをよく観察していた、といえよう。

井上毅にとって、とりわけ問題だったの

は、清朝の「干渉」が国際法にもとづくものではなかったから、「どこまで干渉し、どこで収束する」のか不明で、「永久に施すと、または一時にして止むと」も、わからないことであった。これでは日本の「政略の針路」、対朝政策も定まらない。

井上毅は壬午変乱勃発当時までは、日朝関係は清韓関係とは関わらない、日本は清朝の言動に関係なく、朝鮮を独立国と遇すれば足る、という立場であった。しかしそれが壬午変乱を通じ、事実によって否定されたわけで、かれも認識をあらためなくてはならなくなった。

そこで井上毅は帰国早々、「朝鮮政略意見案《ちょうせんせいりゃくいけんあん》」を起草した。清韓関係が日朝関係と関連してくる事態を前提として、しかも従前の日本の利害と立場に背馳しないよう配慮しつつ、導きだした方策である。以下かいつまんで、ほぼ原文のまま、引用してみよう。ルビも原文にしたがっている。

日清米英独之五国、互ニ相会同して朝鮮の事を議し、朝鮮を以て一の中立国となし、即ち白耳義・瑞西の例ニ依り、他を侵さず又他より侵されざるの国となし、五国共に之を保護ス。清国ハ朝鮮ニ対し上国たり、朝鮮は清ニ対し貢国《トリビユテール》たりと雖ドモ、属国《デペンデーシー》の関係あることなし。朝鮮ハ一ノ独立国たる事を妨げざるべし。而して清国は他の四国と共ニ保護国《プロテクトラ》たるを以て、四国の叶同を得ズして、独り朝鮮ノ内政ニ干渉することなかるべし。

此策若し果して行はれなば、東洋の政略に於て稍安全の道を得るものとす。独り我カ国の利益ノみならず、朝鮮の為めには永久中立《ベルペチユエル・ニウトラリチ》の位地を得、且ツ支那の羈軛を脱シ、又支那の為めには其朝貢国の名義を全くして、而して虚名実力相掩はざるの患なかるべし。……

このなかでまず重要なのは、日本政府の要人がおそらく公式にはじめて、清朝の主張する「上国」を、ひとまず是認したことである。これはすでに発せられた「属国自主」の照会を前提としたものであり、それを奉ずる清朝との関係を決裂させないようにする配慮だった、といってよい。

とはいえ、その「上国」をもって、朝鮮に対する「干渉」「保護」は意味させない。「内政外交」が「自主」なら、朝鮮は「貢国《トリビュテール》」であっても「属国《デペンデーシー》」ではなく、「独立国」にほかならない。

これは期せずして、デニーやメレンドルフとまったく同じ発想である。井上毅が拠ったのは、朝貢が必ずしも「独立に影響しない」というホイートンの『万国公法』の説であろうが、国際法を基準に考えれば、立場は異なれども、同一の結論にいきつく、という事実をしめすものだろう。

ともかく、西洋諸国に発せられた照会の意味内容を、国際法にしたがって定義づければ、各国も納得しないわけにはいくまい。清朝にも朝鮮にも列強にも異存のない、共通の理解に立った関係を構築できよう。

もっとも他方では、すでに清朝が「干渉」「保護」を施している現実もある。「独立国」である以上、その内政に対する「干渉」は認められないけれども、治安の悪化した朝鮮を「保護」する必要性もあった。そこで、清朝の独占的な「干渉」「保護」に代替する措置を要する。

それにあたるのが、条約関係を有し照会をうけとり、その意味内容を合意した「五国」が、「共ニ」朝鮮を「保護」しながら、「白耳義《ベルギー》・瑞西《スイス》の例」にならって、「干渉」しえない「永久中立」国とするにあった。

井上毅はこの案、いわば朝鮮中立化の構想に、それなりの自信をもっていた。たしかに理論的にみれば、法的恒久的な安定をめざす点で、高い完成度を有するものといえよう。すでにみてきたような、メレンドルフ・袁世凱・デニーらが、のちに問題とするポイントをもらさずとりあげ、しかもすべての対策として、多国間で保障する中立化を提唱したのであって、当時としては卓抜な意見であろう。しかしそれを実行にうつせるかどうかは、また別の問題である。

井上毅は一八八二年の一一月から、その実現に向けて動き出し、外務省当局を通じて、清朝やアメリカに打診を試みているものの、その結果は芳しくなかった。清朝はそれにまったく顧慮せず、ひたすら「属国」実体化の手を打っていたし、アメリカはじめ西洋諸国は、まだ条約の批准もすませておらず、共同の「保護」や「永久中立」化など、考える段階には達していなかった。

要するに時期尚早、機が熟していなかったわけであるが、その機会が訪れるのよりも先に、甲申政変の勃発で、事態は急転してしまう。

甲申政変と朝鮮の動向

甲申政変はつきつめていえば、朝鮮の党派間の政権争奪にほかならない。しかしそれが日清の軍事衝突にまで発展した経過は、朝鮮政府に固有十分の武力が存在しないのと同時に、日清両国こそが朝鮮半島に最大の利害と影響力をもつ形勢を、あらためて白日の下にさらした。政変後、日本が清朝、李鴻章と天津条約を結ばねばならなかった理由も、そこにある。

一八八五年四月の天津条約は、朝鮮からの相互撤兵をきめたものであり、日清はこれでひとまず、その姿勢を表明した。しかしながら、ほかの関係国からすれば、それだけでは不十分だった。両国が撤兵した後に、朝鮮半島情勢の安定を確保できるかどうか、見通しがつかなかったからである。当の朝鮮じしんも、日清のはざまにあって、両者の動向に不安を払拭できず、ただ手をこまぬいているわけにはいかなかった。

その朝鮮側の動きは、複雑でみえにくいけれども、井上毅が朝鮮中立化構想で提起した「保護」という概念をくみこんで考えると、少しはわかりやすくなる。

一八八二年まで、朝鮮が仰ぐ「保護」は、いわば清朝一辺倒であった。ところがその「保護」に干渉がともなうことを悟ると、朝鮮は必ずしも、それをいさぎよしとしなくなってくる。そこで自らに対する「保護」を、清朝の独占から切り離したわけであるが、そうすると当然、ほかにあおぐことにならざるをえない。

独立党は日本に依頼したが、失敗に終わった。事大党は依然として、清朝に頼る、という方針だったが、これも主流とはなりえなかった。朝鮮からみた対外関係の課題は、清朝だけが有するとはかぎらなくなった「保護」を、どこに、どのように仰ぐか、となる。そうした点、井上毅の朝鮮中立化の発想と通じるところがあった。

中立化か、単独保護か、共同保護か

そこで、甲申政変が収束する一八八五年一月前後から、朝鮮情勢を安定させる方法が、いくつも取り沙汰されるようになる。その代表的なものが、ロシアを介在させる方式であった。

まず出てきたのが、ドイツのソウル駐在副領事ブドラーの発案になる朝鮮中立化であり、露朝密約事件をひきおこすメレンドルフのロシアに対する保護要請は、それにつづくものである。

この両者、一見したところ、まったく異なるもののようにみえる。一方が日本・清朝・ロシアの三ヵ国で朝鮮の中立を保障する、多国間の「中立国」化、他方がロシア単独の「保護国」化だからである。

けれどもそれは、つきつめてみると、日・清にロシアが協力するか、対抗するかのちがいにすぎない。日清二国に第三国を介在させ、しかもそれをロシアに措定した、という構図は同じであり、日清の軍事力に蹂躙され、またその再現を恐れた朝鮮の対抗手段という点で共通する。

実はいずれの案も、甲申政変以前にメレンドルフが有していた構想にもとづくものであった。まだ公になっていなかったその構想が、天津条約締結のころにいたって、ブドラーの中立化案と、メレンドルフ本人のロシアに対する保護要請とに分かれて出現した、ということである。

こうした発想様式に反撥したのが、イギリスである。かれらはロシアの南下進出を恐れていたから、天津条約のような朝鮮撤兵・軍事的空白化には少なからず不満であって、朝鮮に対する日本・清朝どちらかの「保護」、もしくは、いずれもの共同保護を期待した。イギリスが巨文島の占領を二年近くにわたって続けるのも、その期待が裏切られたことを一因としている。そしてその巨文島占領が、かえって露・朝の接近を加速させ、情勢はいよいよ緊迫の度を高めることになった。

外務卿の井上馨をはじめとする日本側の意向としては、記録にみえるかぎり、ブドラーの中立化案に必ずしも否定的ではなかった。けだし日本には、井上毅の「意見案」以来の構想があったからであろう。

だが、こうした中立化の方向を封じたものが、第一次露朝密約事件である。朝鮮の側にもいくつかの外交方針があって、ブドラーの中立化案に好意的な動きも存在した。しかしそれが正式の交渉に入らないうちに、朝鮮側は露朝密約の動きを示し、またそれが露顕してしまった。これは当時の情勢では、日清とロシアの提携、多国間による中立化を否定して、ロシア単独の「保護」を選択したことを意味する。

朝鮮の立場から、自国の保全という目的だけでいえば、中立化でも、ロシアだけの保護でも、さほど大差のない選択だったかもしれない。しかし日本の眼から見ると、ロシアの軍事力が朝鮮に進出してくる、という一点で、利害まったく相反することがらだった。

そこで露朝の通謀に危惧を覚えた井上馨が、清朝の駐日公使徐承祖《じょしょうそ》とはかって提案したのが、「朝《ちょう》鮮辦法《せんべんぽう》」と題する意見書である。それは要するに、ロシア単独の朝鮮保護を未然にふせぐべく、事実上の日清共同の朝鮮保護を企てるものだった。

ここにいたって、朝鮮問題の趨勢は、いわば単独保護と共同保護の二者択一となる。多数の関係国が共同で朝鮮を保護して中立化する、という井上毅の構想を実現させる条件は、現実的にはほぼなくなってしまった。

清朝のスタンス

ところが実際には、その二者択一、単独保護と共同保護とは、いずれも実現していない。そこで重要な鍵を握るのが、清朝の動きである。

そもそも日本の原則的な立場は、江華条約以来、朝鮮を「独立」とみなすものだった。日清二国の共同保護は、日本が公式に清朝の朝鮮「保護」を承認して、属国であることをみとめることにほかならないから、自らの立場に矛盾する。井上毅が朝鮮の中立化を考案し、それに執着せざるをえなかったのも、そのためである。朝鮮の「独立」を保っておくには、別の国をくわえた牽制、中立化が不可欠なのであった。清朝と共同で保護するのでよいのなら、はじめから朝鮮の中立化を構想する必要はなかった、とさえいえる。

だからこのとき、井上馨が「朝鮮辦法」の案を清朝側にもちかけたのは、清朝との共同保護のほかに選択肢のないところまで、追いつめられたというべきである。しかも清朝側、李鴻章はその「朝鮮辦法」を拒否し、事実上の共同保護さえ実現しなかった。

これで日本としては、積極的に朝鮮の問題にかかわる足がかりを失ってしまう。清朝との相互撤兵をさだめた天津条約でひとまず満足し、以後、朝鮮情勢はなかば放任しておくことを余儀なくされたのである。

けっきょく日清の折衝を経ても、不安定な事態の構図に、何ら変わりはなかった。年が明け一八八六年に入っても、巨文島の占領は続き、露朝密約事件が再発するのは、そのためであった。

たしかに清朝、李鴻章は井上馨の提案を拒否した。しかし甲申政変後、メレンドルフの罷免や袁世凱の派遣など、朝鮮に対する直接的なはたらきかけを強めていたし、一八八八年に北洋艦隊を編成するなど、周囲の軍備建設も急速なテンポですすんでいた。だから、ただ手をこまぬいていた、というのはあたらない。

清朝の側には、朝鮮が「属国」だという立場がある。この言葉はこれまで、多分に建前、もしくは原則でしかなかったのだが、天津条約交渉・巨文島の占領・露朝密約事件という一連の過程を通じ、その意味内容を否応なく自覚するにいたった。

すでに述べたように、朝鮮の保護は「上国」たる清朝が担うべきであり、さもなくば、朝鮮を「属国」として位置づけられぬ、ということである。ここで「属国」と清朝単独の保護が、譲れない立場となった。

その立場からすれば、多国間で朝鮮を「保護」し、その「独立」を企図する中立化など、論外であった。もちろんロシア単独の保護たる露朝密約も、日清二国の共同保護もみとめられない。国際的に公然と、朝鮮の位置づけをあらためるのには、消極的にならざるをえなかったのである。

勢力均衡と「属国自主」

もっともこれでは、情勢を不安視する関係国はおさまらない。まず、朝鮮からしきりに接近をうけていたロシアである。

客観的にみて、当時のロシアには中国東北、朝鮮半島方面で、清朝と対抗できる実力はそなわっていない。まだシベリア鉄道の着工前であって、ロシア極東は人口が希薄で、労働力不足に悩まされていた。開発・軍備いずれをとっても、アムール川・ウスリー江をはさんで対峙する清朝の東三省とは、歴然とした格差があった。

そのためロシア政府は、朝鮮半島に深入りすることに、一貫して慎重だった。だからといって他国、とくに清朝の勢力が伸長するに任せるわけにもいかない。めざすところは「現状維持」であり、そのためには、密約事件で悪化した清朝との関係を調整しておく必要があった。

それは一八八六年の第二次露朝密約事件をきっかけに、ようやく実現する。北京駐在の臨時代理公使ラデュジェンスキーが、天津で李鴻章と秘密裏に交渉して、朝鮮半島の相互不可侵で、一定の合意に達したのである。

次にイギリスである。イギリスは突如、巨文島を占領したことでもわかるように、ロシアの南下を防ぐためには、朝鮮が独立はもとより、自主ですらなくとも、一向にかまわない立場だった。だからその目的にかなうなら、多国間の保護であろうが、日清の共同保護であろうが、清朝単独の支配であろうが、選ぶところはなかった。

イギリスは第二次露朝密約事件以後になると、朝鮮に対する清朝の「宗主権」を公然と支持しはじめる。多国間の保護、あるいは日清二国の共同保護が実現する見込みがなくなったので、その代案として、清朝単独の朝鮮支配の公式化・実質化をうながしたわけである。

しかし清朝側、とくに李鴻章には、イギリスがいささか露骨に教唆する、公式の朝鮮支配をひきうけるつもりはなかった。

> 朝鮮の地はロシアの垂涎するところとなっており、清朝がすみやかに討伐し、朝鮮を版図に収めていただければ、イギリスの望むところだ、という。これは明らかに、そばから戦争を挑発しているのである。……イギリスはことさら好意を示すけれど、本当はわれわれのことなど、どうでもよいと思っている。
> たとえ西洋諸国が朝鮮を自主だとみなしても、あからさまに朝鮮をわが属国ではない、とはできないし、朝鮮を属国だと認めるな、とわれわれに強いることは、なおさらできまい。もし朝鮮国王が夜郎自大、朝貢もしないようになったならともかく、そうならないうちは、明らかに非を鳴らして、兵を挙げ罪を問うわけにはいかない。（『清《しん》 光緒《こうちょ》朝《ちょう》 中日《ちゅうにち》交渉《こうしょう》史料《しりょう》』）

そんなことをしたら、朝鮮はもとより、日本・ロシアとの関係が決裂して、収拾のつかなくなるおそれがある。朝鮮に対する圧力を強めながらも、欧米流の属国支配ではなく、あくまで旧来の宗属関係を前面に出し、「属国自主」にこだわったのは、そこに理由があった。

曲がりなりにもそれで国際的に通用したのは、一種の勢力均衡状態という裏づけがあったからである。日清関係でいえば、天津条約による相互撤兵であり、露清関係でいえば、李・ラデュジェンスキー合意による相互不可侵であり、清韓関係でいえば、「属国」と「自主」の拮抗である。

この三者が組み合わさることで勢力の均衡がなりたち、その要に李鴻章のいわゆる自制が位置した。三者いずれにおいても、清朝のほうが多分に優勢でありながら、関係の悪化をきたさないよう、実力の行使をさしひかえる、というわけである。結果として、朝鮮半島は軍事的に空白化し、中立化とほぼひとしい状態になった。

だが局外者の立場からすれば、「属国自主」は国際法で理解しがたいし、李・ラデュジェンスキー合意は秘密交渉だったから、一般には知られない。日清天津条約以降の不安定な情勢が改善されたとは、とても思えなかった。清韓のあいだで「属国」「自主」の争論が絶えず、それを理解できない外国人が、いずれにもくみしがたかった情況は、その反映である。

しかし逆にいうなら、そうしたどっちつかずの、いわば中間領域が存在したことが、朝鮮半島の事実上の中立を機能させていた。局外からみて、「属国」へも「自主」へも一義的にならない不可解な情況は、不安定ながらも破綻にいたらない微妙な国際情勢を象徴するものだったのである。

第四章
独立自主

1　日清開戦

カーゾンの旅

第一次世界大戦後のヨーロッパでは、独墺露の三帝国が崩壊し、多くの東欧諸国が新しく独立した。そのうち面積最大の国はポーランド、気の利いた歴史地図なら、一九二〇年のその領域に、カーゾン・ラインなる線が引いてある。これはイギリスの外相カーゾンがロシアとの国境に擬したもので、日本人の多くには、この線でカーゾンの名前が記憶に残っているだろう。

そのカーゾンは、外相になる前には、英領インド総督もつとめたアジア通のエリートである。若き日には一再ならず世界旅行を敢行し、一九世紀末の東アジアもつぶさに実見した。かれはその旅行記『極東問題』（*Problems of the Far East*）で、こんなことを記している。

したがって李鴻章の政策は、論理の筋もとおらないし、国際的な慣例にもそむいている。けれどもその結果から判断するかぎり、成功しなかったとはいえまい。論理の欠陥はすべて、けっきょくは実際の利益で救われている。はじめかれは、宣教師・外国人を襲撃した咎で、朝鮮を罰しなかった。こうして、朝鮮の残虐に対する責任からまぬかれたのである。ついでかれは、清朝の属国である朝鮮に、条約の締結をゆるした。しかも同時に、その仲介者たるべき権利を主張したのである。その役割は、日本が果たしたかったものなのだ。こうしたやり方でなくては、かれが外国の勢力を引き入れて、清朝が朝鮮方面で深く恐れるたった二つの国、日本とロシアへの歯止めとできなかったのは、明らかである。

カーゾン

「筋もとおらない」「慣例にもそむいている」というのは、国際法では理解しがたい「属国自主」をさす。別のところでは、それを清朝の「外交上」の「優柔不断」「矛盾」とも言い換えているが、しかしカーゾンは非難したいわけではない。それらが「実際の利益」をあげている、とむしろ評価、称賛しているのであって、この文章は、当時のイギリスの立場から「李鴻章の政策」、ひいては、清韓関係の構造の特徴をよくとらえたものといえよう。

カーゾンが極東を旅したのは一八九二年。西洋諸国が政治的な勢力として東アジアに入ってから数えて、およそ半世紀、朝鮮と直接の接触をはじめてから約二十年、朝鮮と条約を結んでからは、ほぼ十年たったころにあたる。

それ以前、朝鮮半島を中心とする東アジアの秩序は、日清・清韓・日朝の三つの個別的な関係からなりたっていた。それが西洋の出現で混乱に陥り、再編を迫られて、たびかさなる試行錯誤のすえ、ようやく若干の安定をとりもどしたのが、当時の情況だったのである。

中間領域のゆくえ

筆者はその情況を「属国と自主のあいだ」と呼んだことがある。これは当時のことばで表現しただけで、別のネーミングもありうるだろう。もっと近代的で極端な概念をつかうなら、「保護」と「独立」のあいだともいえるし、よりどころとしたものに着眼すれば、礼と法のあいだといってもよい。

いずれにせよ、なかなかうまくいいあらわすことができないのは、われわれの思考と語彙でわりきれない事象であるからで、いかに現代人の頭が西洋近代の観念、あるいはバイアスにとらわれているかを逆説的に物語る。

とまれそのポイントは、「属国」や「保護」、「自主」や「独立」それぞれに一元化してしまわない中間領域があり、それが一種の勢力均衡をつくりだしていた、というところにある。

もっとも、中間領域はしょせん、中間でしかない。それぞれ異なる立場の当事者が、相互にせめぎあい、さまたげられたすえ、いわば偶然、ごく一時的に停頓したことの重なりでできた空白である。

各々はもちろん破局をのぞんだわけではない。それでも決して、その中間領域が目標、目的ではなかった。だから本質的に流動的で、不安定な構造だったのである。それがもたらす秩序の安定は、けっきょく十年しかつづかなかった。

後世からふりかえってみれば、一八九〇年代の初めというのは、すでに次の時代に向かう胎動がはじまっていた時期でもある。

ビスマルクがドイツ帝国の宰相をしりぞいて、国際政局が流動化しはじめたのは、あまりにも有名であろう。同じころ、東では旅順《りょじゅん》の軍港と砲台が完成し、清朝の鉄道が山海関をこえて遼東方面にのびた。両者はもちろん直接には、何の因果関係もない。しかしいずれも共通して、ロシアにとって重大だった。

ビスマルクの退陣は、いわゆる独露再保障条約の非更新をもたらし、遼東の軍備充実は、ロシアの極東方面への警戒をかきたてる。それぞれ露仏の接近とシベリア鉄道の着工をうながし、両者はフランス資本のロシア公債ひきうけにより、一体となって実現した。そうした動きは、今度はロシア南下をおそれるイギリスと日本の危機感を高めてゆく。ヨーロッパと極東の情勢が、ロシアを介して波及しあう構図ができあがってきた。その焦点となるのが、朝鮮半島である。世界情勢はいよいよ緊迫の度を高め、中間領域の存在を脅かしはじめた。

防穀令事件

そこでもっとも重要なのは、朝鮮半島において、すべての方面で優勢だった清朝の動向である。なかでも、袁世凱の動きが注目に値する。かれは自らに課せられた任務にあくまで忠実に、「属国」の立証にとめた。それが所期の成果をあげたとは思えない。しかしかれは、絶望を知らなかった。外交でダメなら、通商、金融などなど、あらゆる方面から、精力的に主張をつづけたのである。

その努力は無駄ではなかった。一八九三年になって、ようやく袁世凱に明るいきざしが見えてくる。転機は防穀令事件だった。

防穀令というのは、朝鮮の地方官が発布する、穀物の移出を一時的に禁じる命令のことである。以前より不作が起こったりすると、しばしば出されてきたもので、貿易と特別な関わりがあったものではない。咸鏡道《ハムギョンド》で一八八九年一〇月に施行された防穀令も、その先例にならっただけのことである。

もっとも、日本が輸入する朝鮮の主要産品は米穀であり、日朝の通商規則では、防穀令を施行するには、その一ヵ月前に日本の当局に通告することになっている。ところがこのとき、朝鮮側の事前通告が一ヵ月の猶予をおかなかったため、日本側は公式の抗議におよんだ。翌九〇年一月に防穀令そのものは撤回されたものの、その間の取引禁止によって、大豆の輸出に従事していた日本人貿易商が、大きな損害をうけた。そこでその損害賠償をもとめて、朝鮮政府と交渉する公使レヴェルの問題となってきた。

それでもなお、日朝間の経済問題にすぎない。これが外交上の重大案件となったきっかけは、日本政府が一八九二年、その公使に大石正己《おおいしまさみ》なる人物を送りこんできたことにあった。

大石正己はこのとき三十七歳、自由党系の政論家である。朝鮮問題に関心をもっていたけれども、外交実務はズブの素人だといってよい。開設直後の国会で、自由党は妥協的な朝鮮政策を攻撃して、政府を悩ませていた。この防穀令事件も、その恰好の材料だった。かれのソウル駐在公使任命は、むしろそうした国内的な配慮が優先した結果である。だから外国ではこの人選に、いささか驚きを隠せなかった。なかでも警戒を強めたのが清朝であり、袁世凱である。

かれは当初、防穀令事件をめぐる日朝間の紛糾を静観していた。にわかに両者の交渉に介入しはじめたのは、日本が大石正己を公使に派遣してからであり、表向きの理由は、朝鮮の交渉当局者がその助言をもとめたことにある。しかし袁世凱じしんの課題は、大石正己の存在そのものにあった。

大石正己に『富強策』という著作がある。そこにいわく、

朝鮮の独立を謀らんと欲せば、我が日本が進んで東洋の盟主となり東洋に於て最も関係を有する所の諸強国と共に列国会議を開て之を議定するにあり、会議に列すべき者は即ち日本、英吉利《イギリス》、仏蘭西《フランス》、露西亜《ロシア》、支那、独逸《ドイツ》、亜米利加《アメリカ》の七大強国なり、而して此の七大強国が認めて以て朝鮮を保護国と為し、若し一国約に違ひて朝鮮を掠取せば爾余《じよ》の列国挙《こぞ》って之が罪を問ふことと為すべし、苟《いやしく》も此の如くせば朝鮮の独立は直ちに安全鞏固《きようこ》なるを得べし。

この「列国会議」による朝鮮の「保護国」化は、清朝にとっては、「属国自主」の否定を意味し、見のがせない。かれはいわば要注意人物だった。袁世凱はそのことを朝鮮現地で確認し、「大石は、日本と連合したら、朝鮮はきっと自主できる、と朝鮮国王に極言した」と本国へ報告している。報告内

容の真偽はさだかでない。明らかなのは、袁世凱がそうみなし、その認識のうえにたって行動した、ということである。

大石正己ひとりなら、日本だけならまだしも、怖るべきは、大石が西洋諸国と「連合」して朝鮮の「自主」を支持し、朝鮮がそれに共鳴する事態であって、さればこそかれを排除せねばならなかった。それには、懸案の防穀令事件をこじらせ、日朝を対立させて、大石正己の声価を落とすのが捷径である。

大石正己も粗暴だった。儀礼慣行を無視し、恫喝を交えた非礼な交渉態度に終始して、朝鮮政府に嫌悪の念をかきたてたから、袁世凱は労せずしてつけいることができ、日朝の対立がエスカレートする。ついには大石正己が武力行使を進言し、最後通牒を提出するまでになってしまった。

事件の意味

高まった危機をどうにか回避できたのは、日清本国間、総理大臣伊藤博文と北洋大臣李鴻章の連絡協調による。後者の勧告により、朝鮮政府は賠償支払いに応じることになって、ひとまず防穀令事件は決着がついた。

一見日本の要求が通ったかにみえる結末は、じつは大きな岐路であった。日本政府が大石正己を派遣したのは、難航する交渉の打開をめざしこそすれ、事件の紛糾をのぞんだわけでもなければ、朝鮮側との衝突を意図したわけでもあるまい。しかしそれなら、大石正己という人選そのものが失敗だったといわざるをえない。事件決着後まもなく、かれを更迭し、北京駐在公使の大鳥圭介《おおとりけいすけ》に兼任させたのは、そのことを雄弁に物語っている。ここまで朝鮮側の反感を買い、清朝に依存することになったのは、日本としても想定外の結末だったにちがいなかろうが、それがもつ意味を、当時の日本政府はどこまで洞察したであろうか。

というのも、この結果は袁世凱に多大な収穫をもたらしたからである。何事も徹底するかれのこと、本国で上司の李鴻章が伊藤博文と妥協したのは、むしろ不本意だったかもしれない。それでも大石正己の退場をかちとったばかりか、朝鮮と日本の関係を悪化させることに成功し、しかもそれが、赴任以来ともすれば険悪だった袁世凱と朝鮮政府との関係を好転させた。日朝の関係悪化が清韓の関係強化を意味する、というのは、一八八二年に馬建忠が策したのと同じ図式なのである。

その背後にはやはり、人的なつながりがある。馬建忠に金弘集や趙寧夏がいたのと同様、このときの袁世凱には閔泳駿《びんえいしゅん》がいた。閔泳駿はいうまでもなく閔妃の一族、駐日公使をつとめたこともある人物である。袁世凱を「敬信」した、などと史料にはでてくるが、もとより額面どおりのはずはあるまい。閔泳駿にはかれなりの思惑があって、袁世凱に近づいたのであろう。

ともあれ、そうした人物が朝鮮政界で力を得ることじたい、袁世凱にとっては、たゆまぬ努力が実を結んできたというべきで、事態の好転であった。防穀令事件の交渉にあたり、朝鮮政府に細かな指示をあたえ、期待する局面を導き出せたのも、閔泳駿の存在あってこその成果である。しかも、それだけにはとどまらなかった。

東学と清朝の出兵

時あたかも東学《とうがく》の運動が、次第に激化しつつあった。東学とは西学（キリスト教）に対する命名で、儒教を根幹として、仏教や道教、さらに民間信仰を習合した朝鮮の新興宗教である。教祖崔済愚《さいせいぐ》が一八六〇年より布教をはじめたところ、弾圧にあって処刑された。東学は以後、秘密結社としてひろがり、教祖の名誉回復と教団の合法化を願って運動をつづける。一八九三年五月には、忠清道報恩《チョンチョンドボウン》郡で一大集会を開き、政府を批判し、外国排斥をとなえて籠城、当局の解散命令にも従おうとしなかった。手を焼いた朝鮮政府は、魚允中を現地へ派遣して、その鎮静化にあたらせた。

朝鮮政府がおそれたのは、東学が排外行動に出ることであり、その阻止のため、いったんは武力制圧も辞さない意向を固めた。もっとも自国の武力だけでは、それはおぼつかないので、外国の軍事的な援助を求める意見も出て、清朝の袁世凱にも、内々にその打診を行っている。

しかし朝鮮政府内では、援助をあおぐのに慎重な意見が大半であった。袁世凱もそうした事情をみてとり、積極的に出兵に応じる姿勢はとらなかった。ただしかれは、その可能性まで否定したわけではない。

袁世凱としては、むしろ軍事的援助はのぞむところであった。いっそう目に見えるかたちで、朝鮮を保護し、「属国」を立証できるからである。朝鮮政府がどうにもならない局面にたちいたったら、清朝に援軍を正式に依頼するように、と回答した。名目なりとも「自主」を謳う清朝の立場としては、朝鮮政府のほうから積極的に、援助要請をもちかけてこなくてはならない。重要なのはそうした手順を、ほかならぬ腹心の閔泳駿に伝えていた事実である。いわば来るべき出兵への布石を着々と打っていたのである。

報恩の集会は、魚允中の硬軟おりまぜた説得で、ともかく事なきをえた。しかし翌一八九四年、異端の全琫準《ぜんほうじゅん》ひきいる東学の教徒は、三月に全羅道《チョルラド》で蜂起して、事態は名実ともに反乱と化した。さしむけられた鎮圧軍は、ほとんどなすすべもなく、五月半ばには、ついに「壬午・甲申の先例」にならった清朝の援軍をもとめる。

属国の保護を念願してきた袁世凱にとって、千載一遇の機会であった。かれは閔泳駿をして、清朝の援軍をつよく朝鮮政府に進言させる。五月三一日に全州《チョンジュ》陥落の報がとどいて、事態をもはや坐視できなくなった朝鮮政府は、六月三日、袁世凱に書面で正式に援軍を申し入れた。

袁世凱はこの瞬間、大きな達成感を味わったことであろう。あまりにも思う壺にはまったために、東学の反乱じたいがかれの陰謀、煽動だとする説まで、取り沙汰された。もちろん信ずるに足らないけれども、それほどかれの思惑に一致する経過であった事情はくみとることができる。

かれの赴任以来、朝鮮が求める保護と清朝が与えたい保護は、いっこうに合致しなかった。朝鮮のいう「自主」と清朝のいう「属国」は、なかなか親和しなかった。袁世凱が朝鮮に駐在した十年は、現地でそんなディレンマと格闘してきた日々である。

かれは今ようやく、かかえてきた矛盾を解消した。これでずっと乖離してきた清韓の保護のゆくえが合致し、軍事的な保護の帰属が名実ともに、清朝に回帰したからである。清朝が援軍の朝鮮派遣を「属邦を保護するの旧例」にしたがったものだと説明したのは、端的にそうした事情を物語る。清朝にしてみれば、ようやくそう公言できるようになったのである。

袁世凱から連絡をうけた李鴻章は、すぐさま巡洋艦二隻を派遣し、この艦隊は六月五日に仁川に到着している。また同月八日から一二日にかけて、陸軍二千四百を牙山《アサン》に上陸させ、二五日には四百名を増援した。

しかしながら反乱そのものは、清朝軍の態勢が整うのをまたずに収束していた。東学と朝鮮政府のあいだで、六月一〇日に全州和約がむすばれて、政府は反乱側の要求をほぼうけいれ、全羅道が農民の自治下にはいったのである。

このままでいけば清朝の援軍は、なくもがなの存在であり、撤兵は時間の問題のはずだった。ところがその六月一〇日、思いがけない事態がおこって、達成感にひたっていた袁世凱を一転、困惑に陥れた。日本軍のソウル入城である。

日本の出兵

一八八五年、甲申政変を収拾するため、日清の相互撤兵を約した天津条約は、三ヵ条のごく簡単なとりきめである。そのうちもっとも重要なのは、将来の出兵について定める第三条であった。朝鮮に重大な変乱がおこって、日清の出兵を要するときには、事前にそれを通知しあう、というにある。

字面からすれば、日本と清朝のいずれか一方が出兵した場合、もう一方はその通知を受けるだけであって、決して、同じく出兵できる、とは書いていない。しかし当時の情勢からして、諸外国はこの第三条を、日清いずれかが出兵すれば、自動的にもう一方も派兵する、とみていたし、そのことは日清双方ともに、よくわきまえていた。李鴻章が朝鮮に対する実力の行使を、ずっと自制していたのも、直接的にはこの条項があったからである。

もちろん袁世凱がそれを知らないはずはない。それでもかれが、このとき清朝の出兵を策したのは、政府と議会の対立が続く日本の内政は紛糾しており、とうてい朝鮮に出兵してくる余裕がない、と見きわめたためであった。これ以後、日本に対するかれの行動は、あまりにも楽観に失して緩慢だった。というより、日本の出方が予想以上に敏速だった、というほうが適切かもしれない。

当時、大鳥圭介公使は賜暇帰国中で、ソウルの日本公使館をあずかっていたのは、一等書記官の杉《すぎ》村《むら》濬《ふかし》である。かれは朝鮮政府から袁世凱への出兵要請を察知して、本国へ打電急報した。これを受けた日本政府は、六月二日の閣議で、清朝が出兵した場合には、混成一旅団を派兵する方針を決定した。六月五日に大本営を設置、大鳥公使も朝鮮に向けて出発し、一〇日ソウルに帰任する。同じ日、海軍陸戦隊四百三十名もひきつづいて、ソウルに入った。陸軍もすでに動員準備をすませていて、六月一六日には、混成旅団約四千の仁川上陸が完了している。清朝陸軍の朝鮮上陸から、わずか四日後であった。

天津条約にもとづく相互通告は、六月七日におこなわれた。清朝が自らの出兵を「属邦を保護する

陸奥宗光

の旧例」にしたがったものだと公言したのは、このときである。日本の側は、済物浦条約にさだめる在外公館の保護規定を派兵の法的根拠とした。もちろん、それが唯一の理由ではない。日本の派兵は総体的にみて、外務大臣陸奥《むつ》宗光《むねみつ》の言を借りれば、「権力平均を維持」するためであった。

　現代風にいいなおせば、朝鮮半島のバランス・オヴ・パワーを保つということだが、これには、その勢力バランスはつとに、清朝のほうに有利に傾いていた、という現状認識がある。そしてこのたびの清朝の出兵で、いっそう清朝に有利に、日本に不利になってしまう、という危機感があった。

　そうだとすれば、日本側はそれを挽回して、「権力平均」化をはたさなくては、軍隊を派遣した意味がない。それまでは軍隊をひきあげるわけにはいかなかった。

戦争の勃発

　袁世凱を当惑させたのは、まず日本が出兵したこと、ついでその軍隊がなかなか退こうとしないことにあった。すでに東学の反乱はおさまっていたので、理論上は日清双方とも、出兵の根拠はなくなっている。そこで袁世凱と大鳥圭介は共同撤兵の交渉に入り、いったんは合意しながら、それはけっきょく実現しなかった。

というのも、日本の公使館当局が、同時の撤兵では清朝の勢力増大を結果し、一方的に不利になってしまう、と憂慮したためである。その判断は必ずしも、誤ってはいない。以後も清朝側が一貫して、何よりも同時の共同撤兵を先決条件だと主張して譲らなかったことからも、そうした事情はうかがえよう。

日本政府はその間に、外国の出兵を誘発する内乱を根絶するため、朝鮮の内政改革を日清がはかるべし、清朝が拒んだ場合には、日本単独で朝鮮に改革をおこなわせる、との新たな方針を立てて、公使館に訓電すると同時に、清朝側にも提案した。しかし返ってくる答えは、やはり共同撤兵優先であったので、陸奥外相は断じて撤兵せず、と通告する。時に六月二二日。かれのいわゆる第一次絶交書である。

日本の現地当局はこのとき、いわば進退きわまっていた。内政改革に賛同する朝鮮政府の勢力はきわめて微弱であり、清朝・袁世凱にくみする勢力が圧倒的に優勢であったから、内政改革をおこなうには、少なくとも清朝軍を駆逐しなくてはおぼつかない。ところが、たがいに出兵の名目が異なり、しかも清朝軍は牙山、日本軍は仁川にあったから、理論的にも地理的にも、両者の衝突は期待できなかった。

このままでは、本国から訓令をうけた朝鮮の内政改革も、日本の目的である「権力平均」も実現できない。何とかして衝突のきっかけをつくらなくてはならなかった。

そこで、大鳥公使が杉村書記官らの進言を容れて、にわかにもちだしてきたのが、清韓の宗属関係であった。すなわち「属邦を保護する」清朝軍の存在が、朝鮮の「自主」をさだめた江華条約第一条に違反している、ととなえだしたのである。

七月二〇日、大鳥公使は最後通牒を朝鮮政府につきつけ、朝鮮の「自主独立を侵害」する清朝軍を退去させよ、と申し入れた。朝鮮政府が清朝軍を退けられないのであれば、日本軍が代わって駆逐する、というにある。仁川・ソウル間にあった日本軍は南下し、七月二五日に豊島《プンド》沖の海戦、二九日に成歓《ソンファン》・牙山の役が戦われ、ついに日清戦争の火ぶたが切られた。

「属国自主」と日清開戦

こうした経過をたどっている以上、清韓の宗属関係は日清開戦の口実ではあっても、主因ではない、という意見が出てくるのも、もっともである。しかし開戦直前まで、朝鮮で優位に立っていたのは清朝であり、その根拠をなすのが、朝鮮を「属国」とする宗属関係にあった、ということを忘れてはならない。

軍隊が対峙する局面になっても、それはかわらなかった。客観的にみて、日本がめざす「権力平均」にたちふさがったものは、清朝の優位を生みだし、清朝軍の存在を正当化する宗属関係にほかならない。日本が局面を打開するには、宗属関係そのものを清朝軍もろとも、武力で破砕するほかなかったのである。

それまで清韓の宗属関係、すなわち「属国自主」は、「属国」と「自主」の意味内容が一義的にならないところから、中間領域が生じ、軍事的にも緩衝機能を有することになっていた。しかしそれにあきたらない袁世凱の策動は、「属国」を一義的にして、清朝が従来自制し控えてきた武力の行使をもたらした。

それは袁世凱個人にとっては、任務の完遂だったのであろうが、客観的にみれば、現状の破壊であり、中間領域がもっていた軍事的緩衝機能の喪失を意味する。「属国」と「自主」のあいだは消滅し、「属国自主」という概念の曖昧さだけが残って、「属国」か「自主」かの二者択一の決断を当事者たちに迫ることになった。

大鳥圭介の最後通牒が朝鮮の「独立」「自主」を全うすべし、というのも、日本が最終的には、「属国」に依拠する清朝に、宗属問題を提起して戦争を挑んだのも、日本の国内政治、開戦時の史実経過に問題を限ったなら、口実もしくは手段の域を出なかった、といえるのかもしれない。

しかし以上のように、タイムスパンを長くとって、関係の内容と変遷を考慮に入れれば、日本の開戦理由は、いかに苦しまぎれで、政府全体のコンセンサスを欠いていたにせよ、かえって事態の本質を端的にあらわしているといえよう。

列強の干渉

かくて日清が干戈を交えると、やはり中間領域を形づくっていた当事者であり、開戦を環視していた列強の立場もまた、にわかに転換をきたしはじめる。

「属国自主」が現状の維持を担保したひとつの要因に、ロシアが朝鮮の「自主」を支持し、なおかつ「属国」を主張する清朝と、朝鮮半島の相互不可侵で一定の合意に達していたことがあげられる。

日清の破局に瀕して、李鴻章はこの合意にもとづき、ロシアの調停を依頼した。しかしロシア当局は当初、日本に対して共同撤兵の勧告をおこなっただけで、目前の事態の急展開に遭うと、それ以上の行動に出ることはなかった。ロシアの利害はあくまで、朝鮮半島の「現状維持」にあって、戦争がそれに変化をもたらすことをみこしたからである。当面はその帰趨を静観するに決した。

いっぽうイギリスは、日清の開戦に乗じたロシアの南下を恐れて、両国にくりかえし停戦を斡旋した。こちらもいわば、朝鮮半島の現状維持を目的とした行動である。イギリスはそもそも、ロシア南下の抑止力として、清朝の朝鮮従属化を支持していた。ところが開戦以後は、その劣弱な実力に疑念をいだいて、やがて日本の主張と行動を容認するようになる。

ロシア・イギリスの干渉は、李鴻章の依頼に応じたものである。かれは北洋軍の実力が空疎なことを知悉しており、なんとか破局を回避したかった。それでも、日清の同時撤兵はもとより、朝鮮が清朝の「属国」であることを譲らず、内政改革も朝鮮政府じしんに行わせることを主張している。

これは主観的な方針としては、一八八〇年代の「勢力均衡」と「属国自主」の状態を回復するにひとしい。しかし日清の開戦は、清朝の側が自らそれに背いたために出来した事態であって、成功するはずはなかった。「属国」と「自主」はすでに、「勢力均衡」に背反する二者択一の対立要因となっていたからである。「勢力均衡」を第一とするロシア・イギリスの行動が、この段階でとくに「属国」「自主」と関係しなくなったのも、そこに理由がある。

他方、軍事的、外交的に先手を打つことで、英露の干渉を排除しつつ、ひたすら清朝との戦争に突入していった陸奥外交は、そうした趨勢に棹さすものであった。たとえば、七月一二日、清朝政府に発せられた、陸奥宗光『蹇蹇録《けんけんろく》』のいう第二次絶交書は、以上の事情をよくあらわす文面だといえよう。

近日また貴国に駐在する英国公使は日清両国に対する友誼を重んじ好意を以て居中周旋の労を取り、日清両国の紛議を調停せんと努めたるも、清国政府は依然なお我が国の軍隊を朝鮮より撤去すべしと主張するの外、何らの商議もなさざるは、則ち清国政府が徒に事を好むものに非ずして何ぞや。

だとすれば、日本の針路は旧来の「属国自主」「勢力均衡」の否定の上に成り立つわけであるから、それに代わる朝鮮半島の秩序設計が必要となる。日本はそれを、いったいどのように考えていたのであろうか。

2　甲午改革と俄館播遷

内政改革の実施

一八九四年七月二三日、三日前につきつけた最後通牒に対し、朝鮮政府から満足な回答がこないのをみとどけた日本側は、軍隊を景福宮に入れ、朝鮮政府そのものの改造に手をつけることにした。朝鮮の側が総じて、なお清朝を優勢だとみていたから、通常の外交交渉では、とても埒《らち》があかないと判断しての挙である。

要するに、一種のクーデタを敢行したわけである。ところが、新たに政府を組織しようにも、日本に協力して内政改革を実施できそうな朝鮮の官僚は、ほとんどみあたらない。そこで日本側が白羽の矢をたてたのが、金弘集・金允植・魚允中ら、いわゆる穏健開化派である。つまり甲申政変以後、清朝に親しいとして、政権から遠ざけられていた面々を登用し、閔氏政権の要人を追放して、新政府を組織した。ここに日本の内政改革要求にそった、いわゆる甲午《こうご》改革がはじまることになる。

そもそも朝鮮の内政改革というのは、陸奥宗光がいみじくも「格別重きを措かず」、「政治的必要の外、何らの意味なきもの」と記したように、日本にとってみれば、日清開戦の便法でしかなかった。とはいえ、国際的に公言した以上、実施せざるをえなかったし、戦争の勝利がみえてくると、いっそう本腰を入れてとりくむ方針に転じた。しかも改革が実地には、日本の軍事力によるクーデタなくしては始まらず、圧力なくしては進まなかったこともみのがせない。甲午改革とそれを担当した政権は、はじめから日本の必要に応じ、しかも日本の武力に依存した存在だったのである。

もちろん日本のよびかけに応じて、甲午改革にあたった朝鮮の官人たちの立場や思惑は、また異なる。かれらは決して心底から日本を謳歌するものではなかった。しかしかれらは、かれらなりに朝鮮の自立をもとめて、改革を念願した人々である。閔氏政権でその素志が果たせず、しかも朝鮮が未曾有の危機にあるとあっては、いかに不本意であろうと、意を曲げてでも、日本の支持のもと、局にあたるほかなかった。

金弘集が一八九四年七月末に領議政（総理大臣）となってから、一年半あまりにわたって断続的に、政治・経済・社会の各方面にわたる広汎な改革が施行された。それは従来からの思想や動向が形になったものもあれば、このときはじめてプランにのぼってきたものもある。

簡単にあげるだけでも、内政面では、政府機構の改革、科挙を中心とした官吏登用法の改革、近代的な学校制度の導入、軍隊・警察の改革、地方自治制度の導入、徴税制度の改革、幣制・度量衡の統一、奴婢廃止・賤民解放など身分制の改革があり、行政組織から社会制度にまでおよんでいる。対外的には、中朝商民水陸貿易章程など諸規則の廃止、清朝の年号の使用禁止など、清朝の「属国」であることを公然と否定する措置がとられた。その歴史的な意義は、たんに紙の上だけの改革とはいえないものがある。

井上馨

以上のような甲午改革は、やはり日本の圧力から自由ではなかった。とりわけ大鳥圭介に代わって、井上馨が一八九四年一〇月より、ソウル駐在公使として乗りこんできてからは、改革は急進化すると同時に、日本への従属性をいっそう強めるようになってくる。そこでたとえば、宮中を政府から分離して、その国政への関与を禁じようとしたことは、高宗・閔妃の大きな反撥を買って、のちに大きな禍根を残した。

井上馨は壬午変乱・甲申政変当時の外務卿であり、第一次伊藤内閣の外務大臣、以後も閣僚を歴任していたから、本来、一介の外交官たる公使に任ずるはずのない大物である。こんな人物が赴任してくるところに、日本側の並々ならぬ決意があらわれている。

井上馨はそんな自負心もあって、強引に改革をおしすすめようとした。矢継ぎ早に命令が下されて、それなりに進捗しているかにみえたが、しかしそれはあくまで、日本の武力と圧力、日清戦争でのたてつづけの勝利がもたらした局面にすぎない。その施策のほとんどは、朝鮮側の各方面から抵抗をうけて停頓しはじめた。そして、日本の軍事的優位という前提条件がゆらいだとき、日本のとなえてきた「独立自主」も内政改革も、先行きはにわかにみえなくなるのである。

日本の方針

日本がこのとき、朝鮮をいかなる国際的な地位に位置づけていたかは、前後の時期と対比して注目すべき問題である。少し時間をさかのぼって、一八九四年八月一七日の日本政府の閣議で、外相陸奥宗光が提出した案をみてみよう。


甲、朝鮮を依然一個の独立国として全然その自主自治に放任し、我よりも之に干渉せず、また毫も他よりの干渉をも許さず、その運命を彼に一任する事。

乙、朝鮮を名義上独立国と公認するも、帝国より間接に直接に永遠もしくはある長時間その独立を保翼扶持し他の侮りを禦ぐの労を取る事。

丙、かつて英国政府が日清両国政府へ勧告したるが如く、朝鮮領土の安全は、日清両国において之を担保する事。

丁、朝鮮を以て世界の中立国となさんことを、我国より欧米諸国および清国を招誘し、朝鮮国をしてあたかも欧洲における白耳義《ベルギー》、瑞西《スイス》の如き地位に立たしむる事。（『蹇蹇録』）

これはあくまでも、日清開戦の後に、日本の立場から想定した選択肢である。したがって四案とも、当時の現状を変更するものであって、またそれぞれが同じ比重ではなかった。それだけに当然のことながら、日本と利害を同じくしない国ならば、日本がとった以外の、もしくはこの四案以外の選択肢をも構想できるわけである。

日本が採択したのは、乙案の事実上の保護国化を基本とした政策であった。井上馨が自らの対朝政策を「イギリスのエジプトにおける政策」と称していたことからも、それが知られる。

それは同時に、丙案にあがった二国間の共同保護と丁案の多国間の中立国化を、日本政府が最終的に放棄したことをも意味する。

前者はさきに述べたとおり、一八八五年の日清天津条約の締結直後にいったん俎上にのぼり、また日清開戦のさい停戦交渉で、ふたたび浮上した案でもあった。後者も上述のとおり、一八八二年の壬午変乱直後に井上毅が考案したものであり、以来、多かれ少なかれ、日本側の心中から去らなかった構想だった。日本の「主権線」「利益線」をとなえ、日本帝国主義の原型のようにいわれる有名な山県有朋の「外交政略論」も、よく読めばわかるように、同じ朝鮮中立化構想である。

この二案は形態は異なっても、他国との共同を前提とする点で共通している。したがって、これらを放棄したということは、日本は朝鮮の地位を定めるのに、他国との共同はしない、との方針をとるにひとしい。日清開戦にあたって、朝鮮半島の利害が日清両国の争いに収斂した、との判断によったのであろうし、その方針の実行が戦勝を前提にしていたのもいうまでもない。

日本の後退と蹉跌

日清が一八九五年四月一七日に調印した下関条約の第一条は、清朝が朝鮮を「完全無欠の独立自主の国」とみとめる、と謳った。もちろん、陸奥宗光の甲案にいう、朝鮮の名実ともの独立を、日本が承認する謂ではない。戦争を賭して争った、従来の「属国自主」ではもはやない、という意味であり、また日本が朝鮮の「独立を保翼扶持」する、という意味もこめていた。

そこでその手段となるのは、開戦の名分とした朝鮮の内政改革である。日本単独で朝鮮の内政を改革することを通じて、「名義上独立」をととのえる、という方針にほかならない。それが井上馨公使の主導ですすんだ甲午改革であった。

だから甲午改革が、朝鮮側とまったく利害の一致をみるわけにはいかないのも、日本勢力の強弱に左右されるものだったのも、いわば当然である。かくてくすぶっていた日朝間の対立は、三国干渉であらわになった。

清朝に勝利した日本は、下関条約で遼東半島の割譲をうけた。そのわずか六日後、ロシア・フランス・ドイツが、遼東半島の領有は朝鮮の「独立」を有名無実とし、極東の平和の障碍となる、として、その還付を日本政府に申し入れる。日本側はけっきょく、この三国干渉に屈服せざるをえなかった。その直接的な影響がただちに出たのが、朝鮮方面である。

強引に改革をすすめてきた日本の威信は、にわかに失墜した。それまでの甲午改革で失脚し不満をいだく一派は、閔妃のもとに結集して、ロシアの勢力を恃んで失地回復をはかるようになる。

日本側の施策はことあるごとにロシア当局の掣肘をうけ、停頓を余儀なくされた。朝鮮政府内にも日本に協力的な勢力に代わって、親露派が台頭してくる。宮中の政府からの分離もついに撤廃され、改革は大きくあともどりしはじめた。当時の井上馨公使は手をこまぬいて、その趨勢を見ているしかなかったのである。

乙未事変とクーデタの応酬

失意の井上馨に代わって、一八九五年九月一日、ソウル駐在公使に着任したのは、陸軍中将の三浦《みうら》梧楼《ごろう》である。この人事が三国干渉で苦境に陥った結果なのは、火を見るより明らかだろう。それでも、日本政府がこのとき、どのように事態の挽回を考えていたのかは見えてこない。三浦梧楼がその一ヵ月後にひきおこしたのは、想像を絶する蛮行だったからである。

一〇月七日夜から八日未明にかけて、日本の公館職員・守備隊・顧問官らは、景福宮に侵入、寝室を襲撃して閔妃を殺害し、その死体を焼き払った。著名な閔妃暗殺、いわゆる乙未《いつび》事変である。かれらはこの暗殺と同時に、大院君を執政に擁立して、ただちに朝鮮政府の改造をはかった。進出していた親露派は一掃、ふたたび日本に協力的な第四次金弘集内閣が組織される。

局面の打開をもとめられた三浦梧楼個人には、かれなりの信念があって打ったクーデタだったのかもしれない。けれどもこんな暴挙は、非難をあびて当然である。かれへの非難ばかりならまだしも、それは日本の政策や国益にさえ、甚大な影響を及ぼさずにはおかなかった。

第四次金弘集内閣は、ひきつづき改革をおしすすめ、発足早々に軍制・税制の改組を命じる。さらに太陽暦を採用して、旧暦乙未年十一月十七日を一八九六年一月一日と公称し、建陽の元号を建て、同時に断髪令を発布した。けれどもこの旧俗を一変する措置には、政府内にも抵抗が強く、断髪は「夷狄の法」だとして、反対の声があがっている。あとからみれば、これが命取りとなった。

金弘集政権はいかにしても、日本に追随を強いられる存在でしかありえなかった。それは金弘集本人もよくわかっていたにちがいない。それでもかれは、改革の可能性にかけていたのだろう、あえて日本に協力した。閔妃暗殺の真相を隠そうとする工作にも荷担した。しかしその心情が理解をえることは、ついになかった。

鳴りをひそめていた衛正斥邪派は、ここへきて息を吹き返し、「国母復讐」をさけび、断髪令が「小中華」をすてて「夷狄」に堕落するものと指弾し、一八九六年一月、政権の打倒をめざして挙兵した。これを初期義兵運動という。

その運動は各地にひろがり、鎮圧のためにソウルから軍隊が出動した。必然的に首都の政権をまもる武力は手薄になる。

その間隙をついてクーデタを敢行したのが、乙未事変で政権から追われた親露派の李《り》範晋《はんしん》・李《り》完用《かんよう》たちである。かれらは入京したロシア水兵の助力を得て、高宗父子を

ロシア公使館に滞在する高宗（『写真で見る独立運動（上）』より）

小村寿太郎

景福宮からつれだし、貞洞《チョンドン》街のロシア公使館へ移して新政府を樹立した。時に二月一一日、いわゆる俄館播遷《がかんはせん》である。「俄」とは俄羅斯《オロス》、ロシアのことである。

閔妃暗殺が国際問題となるのをおそれた日本の外務省は、ただちに三浦梧楼公使を召還して、その後任に小村寿太郎《こむらじゅたろう》をあてていた。十年ののちに日露戦争の立役者の一人となるかれも、この俄館播遷にはまったく打つ手がなかった。

日清開戦、あるいは戦勝以来、力にまかせて朝鮮への単独進出をはかってきた日本にとって、これは最終的な挫折となる。日清開戦の大義名分となった内政改革の破綻を、意味するばかりではない。日清戦勝にともなって樹立すべき朝鮮の事実上の保護国化も、断念せざるをえなかった。少なくとも朝鮮に関するかぎり、日清戦争に勝利した意味は、ほとんど消滅してしまったのである。

日露の勢力バランス

そうはいっても、親日政権に代わって親露派が政権を掌握したのだから、保護国化をねらっていた日本に代わって、ロシアが朝鮮をまったく従属化させた、とみるならば、それはあまりにも短絡的なみかただといわねばならない。

ロシアはもちろん、日本の急激な朝鮮進出を喜ぶものではなかった。しかしそれが、朝鮮を自らの勢力下に置くという方針には、必ずしもならない。日清開戦時のロシアは、それまでと同じく朝鮮半島の「現状維持」をめざしていた。日本の戦勝と清朝の敗戦は、かれらにとっても予想外な事態であって、従来の極東政策をみなおさねばならなくなる。

ひとつはその利害関心を、朝鮮半島から清朝の東三省、いわゆる満洲へシフトさせたことである。これは鉄道や租借地の利権を獲たことで、いっそう強まっていった。もちろんそれは朝鮮に対し、まったく無関心になったことを意味しない。

そこでいまひとつ、ロシアのねらうところは、朝鮮の「独立維持」であった。日本への三国干渉にも、そうした利害関心があらわれている。朝鮮ではその利害関心が親露派と結びついて、日本の勢力をおしもどすにいたった。そうした点からいえば、ロシアにとって、俄館播遷で現出した情況は、それでほぼ十分であって、それ以上の、とりわけ軍事的な進出をうながすものとはなりえなかった。

日本は不本意ながら、その情況をうけいれざるをえなかった。それでも、全面的に朝鮮から手を引くはずはない。一八九六年五月に、ソウルで小村・ヴェーベル覚書、六月にモスクワで山県・ロバノフ協定をむすんだのは、そうした意向のあらわれである。

前者は朝鮮政府の現状維持と日露の軍事力配置を、後者は日露の朝鮮における利権をさだめたものである。小村寿太郎にいわせれば、朝鮮「に対し、もっとも利益を有する日露両隣国共同保護という義は至当の事なるべし」、つまり日本側の主観的、希望的な観測では事実上、朝鮮に対する日露の「共同保護」と位置づけるべきものであった。

日清開戦時に陸奥宗光が立てたプランにたちもどってみれば、乙案はじめ、念頭にあった四案がすべて否定されたのはまちがいない。しかし日本の立場から強いていえば、丙案の二国間の「共同保護」状態、しかもかつては清朝だったその相手を、ロシアに置き換えた形勢である。そうした意味で、一八八五年の天津条約以後の、あるいは日清開戦前夜の情勢を髣髴《ほうふつ》とさせるものだった。

けれども、大きく異なるところもある。日清の天津条約は撤兵を規定していたし、当時は清朝が健在であり、英露ともそれなりの合意をとりつけて、いわば多角的、マルチに「共同保護」状態を担保していた。それに対し、この時期は日露の二国のみがにらみあっている、という意味での「共同保護」状態であったから、いっそう不安定だった。

ともあれ、日清戦争による清朝の軍事力崩壊によって、大陸側から朝鮮に直接かかる軍事的圧力が急減した。相対的に日本の勢力が伸張したものの、まもなく清朝に代わって、ロシアが登場し、その伸張を挫いた。

朝鮮側の頼るべき保護と忌むべき侵略の担い手として、ロシアと日本が厳存したけれども、当時の情況としては、ロシア優勢・日本劣勢という構図のなか、朝鮮半島に決定的な優位に立つ外国勢力は存在しなくなった。朝鮮の国際的な地位は依然、法的に曖昧ながら、ひとまず勢力均衡の状態にもどったわけである。

俄館播遷の意味

俄館播遷は朝鮮国内政治の文脈でいえば、上に述べたように、第四次金弘集内閣を打倒したクーデタであった。それは単に、政権の交代と対外政策の変更を意味するにとどまらない。

このとき旧政権首班の金弘集の虐殺はもとより、蔵相の魚允中も逃亡する途中で殺害され、外相の金允植はとらえられて流配された。甲申政変で独立党、急進開化派が潰滅したとすれば、この俄館播遷は、穏健開化派を生命的・政治的に抹殺した事件である。あとに残ったのは、高宗と少壮の親露派官僚のみであるが、これでかえって政府内は安定するにいたった。

金弘集らいわゆる穏健開化派は、日清戦争以前からしばしば外交折衝の局に立ちながら、西洋列強とは安易にむすびつかなかった。日清という目前の勢力を重視して、遠くの西洋に幻想をいだかなかった、ということであろう。

そして、日清あるいは列強の特定の一国と、ややもすれば一方的に結びつこうとする党派の間にあって、つねに極端な動きを抑制し、清朝との伝統的な関係に配慮しつつ、しかもそのゆきすぎた圧力には決して屈しない、いわば節度を保つバランサーとなっていた。かれらの役割と存在は、日清戦争以前における朝鮮の「属国自主」、およびそれがもたらす勢力均衡をいわば体現していたといえよう。

そんなかれらが、清朝の退場で好むと好まざるとにかかわらず、「親日」たらざるをえず、しかもそのために、ロシアの登場とともに抹殺された、という史実経過は、きわめて象徴的である。清朝のプレゼンス、あるいは「属国自主」が、朝鮮政治に直接的な影響をおよぼした時代の終焉を物語っている。

しかしもとより話は、それで終わらない。「属国自主」が終焉を迎えたとするなら、それに代わる国のありようとは何か。朝鮮にはなお、大きな問題が残っている。そしてそこでは、清朝のプレゼンスがまったく消滅してしまったわけではないのである。

3 大韓帝国

皇帝即位

旧暦の甲午年十二月十二日、西暦では一八九五年一月七日、国王高宗は宗親・百官をしたがえて宗廟に拝礼した。祖宗の霊前で誓文を読み上げて、「清国に附依する慮念を割断し、自主独立の基礎を確建す」と宣言したのである。これにもとづく法令には、

わが朝鮮国は本来、堂々たる自主独立の国でありながら、中間に清国の干渉を受けて、国体と国権をしだいに損傷してきた。

という一節もある。

まもなく国王・王妃に対して、清朝皇帝・皇后と同格の「大君主陛下」「王后陛下」の尊称をたてまつるよう定められた。さらに、ソウル城外にある清朝の使節を出迎える迎恩門《ヨンウンムン》がとりこわされた。いずれも、清朝に「附依する」宗属関係をまったく断ち切ってしまおうとする措置である。

なお日本の主導で、甲午改革がおしすすめられていた時期のことである。宗廟への誓告も井上馨公使のさしがねであった。およそ三ヵ月後、下関条約第一条で朝鮮は「完全無欠の独立自主の国」だと規定したのだから、たしかに上の文言も措置もすべて、日本側の企図にもとづくというのは正しい。しかし、日本の強引な改革を嫌った朝鮮側にとっても、少なくともこの「自主独立」化だけは、意にかなったものであった。

従来のありかたが「属国自主」であり、「自主」が当然自明だったことを考えあわせると、朝鮮の側にとって、「独立」とはその「自主」にもとづいた脱「属国」化だといってもよい。

夷狄とさげすむ清朝と宗属関係をむすんで、その「属国」であることのメリットは、清朝が朝鮮の脅威とならない、あるいは外敵から朝鮮を守ってくれる、ということでしかなかった。清朝が勢力を失い、脅威にも頼りにもならなくなってまで、その「属国」でありつづける必要はまったくない。

したがって、旧来の「属国」を「独立」にあらためる、「属国自主」から「独立自主」となる、というのがこの時期以降の課題となるわけである。そうした志向は、甲午改革・乙未事変、そして俄館播遷をへて、日本の圧力から逃れても、変わることはなかった。

俄館播遷は甲午改革に逆行する動きである。近代的な政治組織をめざして、政府を宮中と分離した措置は、否定された。「大君主」の「万機親裁」があらためて定められ、君主権を著しく強化することになる。この君主専制化は、あいつぐクーデタの応酬で、たとえばかつての閔氏政権のように力量のある官僚、党派が潰滅して、もはや存在しなくなった必然的な帰結でもあった。しかしその専制君主が、外国の公使館にいわば厄介になっているのは、あまりにも変則的で、体面にかかわるものである。

朝鮮の政情は俄館播遷で落ちついたとはいえ、政府に反対する勢力がなくなったわけでない。ひとつはすでに各地でおこっていた義兵運動である。これは開化路線それ自体を拒むものだったから、その主体が親日政権であろうが、親露政権であろうが、選ぶところはなかった。そのため俄館播遷後の朝鮮政府もひきつづき、その鎮圧にあたらねばならない。日本の守備軍が各地で交戦し、撃退したこともあって、一八九六年中にはどうにか平定することができた。

いまひとつは独立協会の運動である。一八九五年末、金弘集政権に招かれて、徐載弼《じょさいひつ》がアメリカから帰国した。かつて金玉均とともに甲申政変をおこして、アメリカへ亡命、アメリカ人と結婚して米国市民権をえたという人物である。かれは政府の要職にはつかず、一八九六年四月に『独立新聞』を創刊発行して、自主独立・文明開化をとなえる論陣をはった。『独立新聞』は週三回発行、はじめてハングルのみで書かれた新聞であり、旧型の知識人のみならず、広汎な民衆を対象としている。その主張に共鳴する人士が、同年七月に結集して組織した結社が独立協会であった。

かれらは言論で政府を批判しながら、その主張をより目に見えるようにする運動もおこなっていた。その代表的なものが、独立門《トンニムムン》の建設である。すでに破壊されていた清朝使節出迎えのための迎恩門の跡地に、パリの凱旋門を模したアーチ式の門を建てる計画で、定礎は一八九六年一一月二一日、ちょうど一年後の一一月二〇日に竣工した。この運動はいわゆる「独立」が、何よりもまず清朝からの独立、従来の「属国」を「独立」にあらためることであった事情を、雄弁に物語っている。

朝鮮政府は独立協会の批判には悩まされながらも、その「独立」「忠君」「愛国」の主張に異論はな

（上）とりこわされる直前の迎恩門
（下）建設された独立門
（『写真で見る独立運動』（上）より）

かった。高宗のロシア公使館滞在が「独立」にふさわしくないのも、もっともである。

宮殿への帰還はすでに、いくたびも議論にのぼったものの、そのつど時期尚早としてしりぞけられてきた。俄館播遷から一年たった一八九七年二月二〇日、高宗はようやくロシア公使館を出て、改修成った慶運宮《キョンウングン》（現徳寿宮《トクスグン》）へ還御する。八月には新たな元号「光武」を施行し、一〇月一二日、皇帝に即位した。これにともなって国号も、大韓帝国とあらためた。二年十ヵ月前、祖宗に誓った「自主独立」は、ようやくその第一歩を記したのである。

条約の締結をもとめて

そうはいっても、以上はすべて朝鮮の側だけの、いわば一方的な意向であり、行動である。「属国」であることをやめて「独立」する、というなら、その相手である清朝との関係をあらためなくてはならない。清朝のプレゼンスがまだ問題になる、といったのは、ここに理由がある。

朝鮮政府はひととおり内外の政情を安定させると、清朝への働きかけを開始した。一八九六年六月一八日には、清朝との関係を公式に改めるべく、ソウルに駐在する委辦朝鮮商務総董の唐紹儀《とうしょうぎ》に条約締結の打診を試みている。

唐紹儀はメレンドルフとともに朝鮮に来た広東人で、アメリカ留学の経験がある。袁世凱の赴任後はずっとその補佐役に任じ、代理をつとめたこともあった。日清開戦の直前に、袁世凱がのがれて帰国すると、その留守をあずかって朝鮮・日本と折衝をつづけたが、朝鮮が中朝商民水陸貿易章程など、旧来の清朝とのとりきめを廃棄すると、駐在する根拠を失って、いったん中国にもどる。しかし朝鮮に居留する華人商人の保護が必要だったので、商人の総代、「総董」という肩書で、ふたたび朝鮮赴任を命ぜられた。一八九五年末のことである。

だからこのとき、唐紹儀に朝鮮との条約締結を云々する権限はなかった。けれどもその立場と経験から、事実上の清朝政府の出先として活動することになる。

唐紹儀への打診にあたったのは、朴台栄《ぼくだいえい》という通訳官である。たがいに地位は低いけれども、会談で出た論点は重要である。

「旧来のとりきめを廃棄したから、新たに条約を結ばなくてはならない、さもなくば、各国から詰問をうけるおそれがある」

というのが、朴台栄の言い分である。唐紹儀の反駁はにべもなかった。

「他国の公使館を宮中とするような君主を、どうして独立国の君主と呼べようか。これでは、独立の権もないし、使節を派遣することも無理である。すべて公法に記載されていることである」

「聞くところでは、ロシア兵三千が朝鮮にきてソウルを保護してくれるとの由。もし実現すれば、君主も宮殿にもどれるので、そのとき使節を派遣してはどうか」

とくいさがっても、断乎はねつけられた。

「他国の兵が首都に駐留するような国は、その保護国にほかならぬ。そうした軍がなければ独立できないのでは、王には依然として自主の権がないのである。他国の保護がなくては立国できないのでは、藩属と何もかわらない。使節など派遣できるわけがない。公法も許さないところである。もし王が清朝に使節を派遣しても、しかるべき礼遇はうけられないであろう」（『清季中日韓関係史料』）

朝鮮側の論理はわかりやすい。朝鮮の「独立自主」はすでに、下関条約で国際的にみとめられたところであり、各国の手前、清朝にもそれをみとめてもらわなくては困る。そのあかしとして、正式な通交関係がなくなった清朝と、あらためて条約をとりむすびたい、ということである。

唐紹儀はこれに対し、朝鮮を独立国とはみとめがたく、そう待遇することも不可能だとの趣旨を伝えた。俄館播遷下にある朝鮮はとても「独立」と呼ぶにふさわしくない、「保護国」「藩属」同然のありさまだったからである。

清朝側の態度

この会談記録は清朝側のもので、朝鮮側のデータはいまのところ、眼にすることができない。したがって、実際の発言がはたしてこのとおりだったのかどうか、もちろん疑わしい。しかし少なくとも、こうした筆致のやりとりが清朝側の意向にそっていることだけはまちがいないだろう。それを一言でまとめるなら、朝鮮をなおも「藩属」とみなしたい、ということである。

前例がないわけではない。清朝は一八八〇年代、ヴェトナム・ビルマなど、「属国」が列強の植民地になるたび、なおもそれまで清朝の「属国」だったことを示す方策を講じてきた。条約文に清朝の「体面を傷つけない」と記入したり、朝貢儀礼を継続させたりしたのが、それにあたる。

そうした例に鑑みると、同じく従来の「属国」でなくなった国を、なお「属国」だとみなしたい点は、朝鮮でも確かにかわっていない。しかしこの場合は、植民地や保護国になるわけではなく、「独立」する、という点で、決定的に異なっていた。これは清朝にとって、はじめてのケースである。

そこで清朝側は、朝鮮が「独立」の状態ではない、そんな国と対等の関係、条約をむすぶことはできない、とみなすことで、朝鮮側の求めをしりぞけた。注目すべき点は、そうした態度をとるさい、唐紹儀が必ず「公法」、つまり国際法を基準においているところである。

ここに日清戦争をはさんだ、清朝の大きな変化をみることができる。それまでは伝統的な宗属関係を根拠に「属国」を迫っていたのが、国際法を前面に出さなくては、「属国」の維持をはかることができなくなったわけである。それが敗戦による実力・威福の喪失に起因していたのはいうまでもない。

そのため唐紹儀は他方で、朝鮮が各国の支持を得て、清朝に外交関係の樹立をもとめ、使節を派遣し国書を捧呈しようものなら、いかに国際法に拠って反駁しようと、拒みとおすことは難しい、との危惧も述べている。こうした論法と危惧は、かれだけにかぎらない。清朝本国もまったく同じであった。

清朝政府は一八九六年の末、その唐紹儀を朝鮮駐在の総領事に任命した。実務的には朝鮮居留の華人を保護し、対外的には、先手を打って外交官を派遣して、朝鮮から使節を派遣してくるのを未然に防ごうとした措置である。

国際法にしたがわざるをえないから、日清戦争以前の袁世凱のように、各国とまったく異なる肩書はもてない。そこで、正式に派遣する外交官を公使ではなく、当時のイギリス・ドイツにならって、総領事どまりにすることで、清朝と「対等」の関係にならないようにしたわけである。

すすまない交渉

唐紹儀が総領事としてソウルに入ったのは、一八九七年一月一日。俄館播遷がなお続いている時期だったけれども、すでに新たな動きは始まっていた。

高宗が二月にロシア公使館を出たのは、もちろん朝鮮側だけで一方的にできることではない。以前からロシアと交渉を重ねてきた結果である。そうした働きかけは、皇帝即位・大韓帝国成立以後も続き、ロシア人顧問・教官の雇用中止や露韓銀行の撤収など、ロシア権益を縮小する措置となっていった。

これは独立協会の主張にこたえたものである。反清独立の輿論を喚起してきたかれらが、つづいて反露運動にたちあがったのは、ロシアの著しい進出に抵抗し、名実ともに独立をめざしたからであろうが、反清と反露はまったく無関係なことがらではない。また政府がこれを受け容れたことにも、大きな意味がある。

朝鮮側のこうした動きに、前年来の清朝との交渉経過がいかほど影響を与えていたか、明らかではない。しかしながら、意識したかどうかは別として、清朝側から手厳しい指摘をうけていたロシアの「保護」を払拭する結果になったのは、客観的にみてまちがいないだろう。

「独立」の承認と条約の交渉を拒絶する根拠のひとつだった俄館播遷、「保護」状態はもはやなくなった。韓国政府はこの立場から、あらためて清朝との交渉を試みることになる。

清朝側の態度は、それでも冷淡だった。高宗の即位にあたってさえ、唐紹儀は当初、朝鮮を「独立対等」だと認めたことはないから、「国王を皇帝とみなす」わけにはいかないし、皇帝の称号を加えようとすることも認められない、とさえ伝えていた。ましてや、対等の立場で条約をむすぶなど、論外であった。

ところが各国は、大韓帝国成立に目だった異議をとなえようとしなかった。清朝も国際法にもとづく立場をとり、各国と異なる特殊な地位にない。そうしたなかで、ひとり韓国と無条約の関係でいっづけることは、もはや不可能になりつつあった。

一八九八年に入って、韓国政府が清朝にはたらきかけを再開し、列強もあいついで清韓関係の改変を提案しはじめた。こうなっては、唐紹儀の総領事任命で、ひとまず問題を終わらせたつもりだった清朝の側も、韓国との関係を再考せざるをえなくなる。

だからといって、清朝政府の態度が急変したわけではない。その方針は韓国とあらたな関係をむすぶにしても、「昔年の主・僕の別を示す」、つまり対等ではなく、上下の関係にあることがわかるような形にするにあり、この点は一貫していた。

そこで清朝側の想定したのは、韓国ではなく清朝のほうから使節を派遣し、条約ではなく「通商章程」をとりきめる、というシナリオである。韓国側が提案していたような、北京に使節を派遣して、条約を締結する、という対等の形式は、あいかわらず受け容れがたいものだった。

しかし北京の総理衙門は、ロシア・日本・イギリスから、たびかさなる勧告をうけて、七月はじめ、ついに韓国の使節派遣と通商条約の交渉締結をうけいれる方針を打ち出した。それでもなお、韓国から派遣する使節は代理公使として、国書も直接皇帝に捧呈するのではなく、総理衙門がとりつぐ、という手続を構想している。清韓は対等でない、とする自らの立場をくずそうとはしていない。

ソウルの唐紹儀はこれに対し、依然として清朝から使節を派遣することに執着する。総理衙門の方法では、やはり旧来の上下関係を示す点で難があり、また条約を締結する使節が、国書を相手国元首に捧呈しないというのは、「公法」にあわないと反対した。いずれにしても、韓国が望むような形式からほど遠かったのである。

清韓の条約締結

このような出先と本国のやりとりに断をくだしたのは、清朝の光緒帝《こうちょてい》である。八月五日、韓国側の希望をすべてうけいれるべし、という諭旨がくだった。その命令はけっきょく、清朝から使節を派遣することに方針を転じたものの、一八九六年以来すすまなかった清韓間の条約締結交渉は、これを転機としてにわかに動き出し、現実の日程にのぼる。まもなくアメリカで在外勤務の経験をもつ徐寿朋《じょじゅほう》なる人物が出使朝鮮大臣に任命され、ついで唐紹儀が服喪のため、帰国してきた。

かくて日清戦争以前からの人員も一新し、清韓関係はようやく新しい段階に入る。徐寿朋は翌年はじめ、ソウルに赴任して、二月一日、高宗に国書を捧呈し、九月一一日、清韓通商条約を締結した。

このように経過をたどってみると、なぜ一八九八年の夏、急に清朝側の態度が条約締結に前向きになったのか、という疑問が浮かんでくる。これはいまのところ、それと示してくれる史料がなく、わからないというほかない。だが国際的、国内的なその条件をあげることは可能である。

国際的にはこの年に入ってからの、中国に対する利権獲得競争の本格化である。三月のドイツの膠《こう》州湾《しゅうわん》租借・ロシアの旅大《りょだい》租借は東アジアの列強勢力角逐をいっそう激化させ、中国の分割、いわゆる「瓜分」の危機感が高まった。清朝はこうした情況に直面して、いわゆる戊戌《ぼじゅつ》変法へ向かう。

旧体制を近代国家に変革しようとしたこの戊戌変法は、中国旧来の華夷観から列国併存の国際観へ、という世界観の転換をベースにしている。八月に韓国との条約締結へ大きく舵をきった動きは、そうした転換を忠実に反映するものだったといってよい。光緒帝の決断に、韓国を旧来の「属国」から「友邦」に位置づけなおす世界観の転換が作用しなかったとは考えにくいからである。

清朝政府はこれ以降、韓国との「交際の礼」にあたって、なるべく「各国の通例と符合する」ようつとめることになる。徐寿朋がたずさえた国書にも、

比年、環球各国、均しく自主・自保を以て公義と為す。是を以て、光緒二十一年の中日馬関条約の第一款にて、中国は朝鮮国の独立自主を認明す。

とある。文言の上では、下関条約の第一条を守る、といっているだけである。けれども実際には、清朝は下関条約以後も、朝鮮の「自主」は認めても、決して「独立」を認めようとはしなかった。四年近くをへてようやく、その清朝においても、朝鮮の「自主」と「独立」が一致して、正式に独立を承認することになったわけである。

清韓通商条約が正式に調印される二週間ほど前の一八九九年八月一七日、大韓帝国の憲法にあたる「大韓国国制《だいかんこくこくせい》」が発布された。その第一条は「大韓国は世界万国に公認されたところの自主独立の帝国である」と謳っている。

このように公言できるようになったのも、条約の締結にこぎつけ、清朝と対等の関係に入ることが

できたからである。祖宗に誓ってから四年半、独立はようやく達成の日をむかえた。

4　一九〇〇年

「独立自主」のしくみ

以上みてきたところでまちがいないとするなら、韓国の「独立自主」を成り立たせたものは、国際的要因の微妙な複合だったといえよう。

日清開戦以来の日本主導の「独立」への動きは、まもなく朝鮮政府とロシアの忌むところとなって挫折した。もちろん、かりに独立が実現していたとしても、日本の目標が「保護国」化であった以上、はたして真の独立となったか、なったとしても、いつまでそれが継続したかは、大いに疑問である。朝鮮側にいわせれば、名目は「独立」でありながら、「自主」の実質はない、というところだろう。

一八九六年の俄館播遷は、日本主導の改革と「独立」の挫折を決定づけたものである。だがそれは同時に、日本の圧倒的優位をくつがえして、朝鮮を日本とロシアがにらみあう、微妙な勢力の均衡状態をもたらした。朝鮮はこの状態からあらためて、独立をめざすことになった。その相手は清朝である。

ところが清朝の態度は、旧来と大差ないものであった。さすがに「公法」を標準にするようにはなったけれども、そうであればこそ、俄館播遷の「保護」下にある朝鮮政府を「独立」とはみとめがたい、と主張して、容易に朝鮮側の条約締結要請に応じようとはしなかった。

これに転機をもたらしたのが、一八九八年三月末、ロシアの旅大租借である。この中国「瓜分」の動きは、清朝の変革の気運を高め、対外的な態度にも変化をもたらした。清朝はここでようやく、「属国」朝鮮を「友邦」とみなすようになる。高宗が皇帝に即位し、大韓帝国となっていた既成事実を追認して、一八九九年、韓国と対等に通商条約を結んだのである。

みのがせないのは、ロシアの旅大租借が清朝はもとより、韓国・日本にも大きな警戒をかきたてたにもかかわらず、当初においては、一八九六年以来、微妙に均衡を保った勢力配置に大きな変動を与えていない、という事実である。朝鮮半島で日本が政治的に後退し、ロシアもなお満洲に決定的な軍事的進出をはたさない、という勢力の均衡は、このときもなお続いていた。

一八九八年四月、ロシアの旅大租借が確定するにさきだって、日本の外務大臣西徳二郎《にしとくじろう》と駐日ロシア公使ローゼンとのあいだで協定がむすばれた。内容は山県・ロバノフ協定の追加確認で、韓国の独立と内政不干渉、韓国での日本の経済的優位をさだめたものである。日本はこれによって、ロシアの旅大租借を黙認した。

日本はその合意にさきだって、「満州およびその沿岸を全然日本の利益および関係の範囲外」とするのと引き換えに、韓国へ「助言及び助力を与ふるの義務は日本に一任する」という、一種の満韓交換案をもちかけたけれども、これは合意にいたらなかった。この案がまとまらなかった、あるいはまとまらなくともよかった事実は、当時の朝鮮における勢力の均衡が、なお有効だった情勢を物語っている。

この勢力の均衡は、日清戦争以前に朝鮮の「属国自主」を担保した、朝鮮半島の軍事的な空白状態を再現するものである。朝鮮は日本の後退で、たしかに名目的な「独立」は失った。しかし勢力の均衡をえることで、実質的な「自主」を回復できたわけである。

旧来の「属国自主」を「独立自主」に転換させるには、「自主」を成り立たせる勢力均衡をそのまま保持し、なおかつ清朝の「属邦」を否定しなくてはならない。一八九七年の大韓帝国成立から、一八九九年の清韓通商条約締結にいたる過程は、まさしくそれを実現するものだった。

あらためて簡単にまとめよう。朝鮮あるいは韓国の「自主」には、朝鮮半島を軍事的に空白にしておく国際的な勢力の均衡が、不可欠な必要条件である。「独立」は清朝もふくめた各国の承認を必須とする。

日清戦争以前の「属国自主」は、前者はそなわりながら、後者で関係各国の理解が一致しなかった。それがむしろ朝鮮の「自主」確保に資していた側面もある。甲午改革時期には、「独立」はそなわっても「自主」が実質的に否定された。俄館播遷時期は逆である。ようやく両者そろったのが、一八九九年だったのである。

ロシアの満洲占領

そうだとすれば、韓国の独立自主は、まず「自主」の確保が前提となる。そこで不可欠な条件をなすのが、国際的な勢力の均衡にほかならない。ところが早くも一九〇〇年、にわかにそうした前提条件が崩れはじめる。義和団事変の勃発とそれにともなうロシアの満洲占領である。

清朝は日清戦争の敗北と北洋軍の潰滅で、朝鮮半島に対する往時の影響力を失っていた。それでも国境を接する以上は、ロシア・韓国と無縁ではいられない。対外的にさほど大きな軍事力をもたなくなっても、満洲を領有するかぎり、依然としてロシアと朝鮮半島を隔てる役割を果たしていた。清朝の存在はそうした意味で、日清戦争後の勢力均衡状態に寄与する側面もあったのである。

しかし満洲に強力な軍事力が存在するようになれば、情勢はまったく異なってくる。ロシアの満洲占領は、そうした転機となった。

ロシアは以前から、中東鉄道や旅順・大連の租借地など、満洲に少なからず利権を有していた。けれども大軍を投入した軍事占領は、そうした利権の保持とはもはや次元が異なる事態である。じじつロシアは以後、満洲におけるフリーハンドを求めて、清朝に圧力を加えるようになる。

そしてこのように勢力を拡大したロシアは、その勢力を確保するため、朝鮮半島を視野に入れてきた。もちろんただちに、朝鮮半島・韓国をどうこうしようというわけではない。しかし満洲の経営をすすめるには、隣接する朝鮮半島に無関心でいるわけにはいかなかった。この点は、かつて東三省の安全を確保するため、朝鮮半島の従属を必要とした清朝の利害関心と同じである。

日本は俄館播遷で挫折し、小村・ヴェーベル覚書と山県・ロバノフ協定をとりむすんで以来、政治的にはさして朝鮮半島に積極的な態度をとってこなかった。勢力均衡の状態が存在していたから、それでもよかったという事情がある。上にみた西・ローゼン協定は、そうした点で象徴的であろう。その協定内容からみてとれるように、日本はロシアとの交渉で、基本的に主題を朝鮮半島内にかぎって、満洲におよぼすことはなかった。これは朝鮮半島に対する北方からの軍事的脅威が、なお弱かったからこそ、とりえた態度である。しかしロシアが満洲を占領し、勢力の均衡が危ぶまれるようになると、話はちがってくる。

朝鮮半島が敵対勢力、とりわけロシアの手中におちれば、日本列島の「頭上に刃を掛ける勢」をなして、重大な脅威となりかねないというのが、明治維新以来の意識であったから、一九〇〇年以後の日本は、朝鮮半島への政治的軍事的な利害関心を、あらためて強めざるをえない。今度はしかも、それまでは切り離していた満洲と関連させてくることになる。

そのはざまにあって、韓国政府も旧来の政策態度では、この事態に対処できなくなった。韓国はそもそも、周囲の諸国に対抗できるだけの軍事力をもたない。「自主」の必要条件をなす勢力均衡は、むしろ列強を主体として形成されたもので、韓国はそれを利用する立場にすぎなかった。しかし列強、日露の利害関心が変化した以上、もはやそれだけではすまない。自らその勢力均衡の状態を積極的に保守していくことが必要となる。

韓国中立化

こうして一九〇〇年を画期として、韓国・ロシア・日本の間で、朝鮮半島の国際的な地位をめぐって、変化めまぐるしい外交交渉が展開する。そのなかで注目すべきは、韓国中立化提案とそれに対する反応である。

韓国中立化案は一九〇〇年八月、駐日韓国公使趙秉式《ちょうへいしき》が日本に提示したものを嚆矢とし、以後、日露開戦にいたるまで、韓国・ロシア双方よりこもごも、さまざまに形をかえて出てくるものである。

韓国政府のねらいは、独立自主とその前提をなす勢力均衡を維持するにあった。それまでの勢力均衡は、事実上のものにすぎず、したがって不安定だった。これを法的な多国間のものに置き換えて、永続させようとしたのである。

ロシアのねらいはもちろん、韓国とまったく一致するものではない。その韓国中立化の方針は、蔵相ヴィッテが創案主導したもので、満洲の経営と不可分であった。中東鉄道を完成させ、経済的、政治的に満洲を完全に手中におさめてしまうまで、日本の朝鮮半島侵入を未然に防ごうとするにある。

かたや日本の立場から見れば、韓国を「列国保障の下に中立国となす」という中立化案が、とりもなおさず国際的に朝鮮半島の現状維持を意味する、というわけにはいかなくなっていた。すでに勢力均衡がロシアの満洲占領で、崩壊に瀕していたからである。

八月末、貴族院議長・東亜同文会会長の近衛《このえ》篤麿《あつまろ》は趙秉式と会談し、そうした事情を如実に語っている。

「中立国なるものは少なくも自衛の力なかるべからず、而して数国の間に介在して、其国の存廃は忽ち数国の利害に関係を及ぼすものたらざるべからず。故に其一国にして野心を其中立国に有するの実顕はるれば、他の数国は合してこれを討伐するの約を為すなり。朝鮮は此状態に適合するの国柄なるやといふに然らず、朝鮮に利害の関係あるものは露と日本のみ。其他は鉄道、鉱山等の利益問題に関係はあれ共、朝鮮の存廃は何の痛痒をも感ぜず。故に朝鮮の中立には別段の異議はあるまじきも、もし露にして野心を［中立の後に至り］恣ままにするとせば、列国は戦を賭して迄もこれと争ふ筈なし。其場合唯退守せんのみ。其時に当りて戦っても争はざるべからざるものは独り日本あるのみ。而して露の野心なるものは軽率に表に顕はすものにあらず。満州の経営は終はりて、日本と戦ひても勝算ありと認むる迄は手を下さざるべし。日本は露に野心あるをしりても、中立国の約あれば黙して露の準備調ふを待たざる可らざるなり」（『近衛篤麿日記』）

そもそも日本側にとって、朝鮮半島の中立化は、おそくとも日清開戦時に放棄した方針だった。「朝鮮に利害の関係あるものは」当時は清朝と日本だけになっていたからである。そしてこのたびは、「露と日本のみ」であって、相手を清朝からロシアに置き換えただけで、日清開戦時にみまがう情勢であった。

日本にとっては、日露両国だけに利害が収斂してしまっては、多国間で保障する中立化に、実効を見出しがたい。しかも事実上の「共同保護」とみなしえた小村・ヴェーベル覚書の時とは、軍事的な勢力関係がまるで異なってしまっている。日清開戦時の陸奥宗光のプランを借りていえば、すでにさながら、丁案の中立化はおろか、丙案の共同保護すら、成り立たない情勢になっていたのである。

こうして一九〇〇年以後になると、韓国と日本の立場は、決定的に乖離してゆく。韓国がすすめた自国の中立化政策は、満洲から迫るロシアの軍事的脅威を感じながら、なんとか勢力均衡と独立自主を維持しようとしたものである。それは同時に、満洲との関連で朝鮮半島を扱おうとする日露の利害に対抗する試みでもあった。多国間の保障を通じ朝鮮半島を中立化することで、満洲情勢からひとまず切り離し、自己保全をはかろうとしたのである。

それに対し、日本の立場はもはや、満洲と朝鮮半島を切り離す立場とはあいいれない。ロシアの満洲占領と勢力均衡の崩壊に直面しては、西・ローゼン協定当時のような、たんに朝鮮半島と満洲の利権をそれぞれ日露にふりわけて、日本は満洲に容喙《ようかい》しない、という考え方ではすまなくなっていた。満洲と朝鮮半島との勢力配置は不可分に連動する、とみなす満韓一体・満韓不可分の考え方への転換である。満韓交換、あるいは朝鮮半島の勢力画定・保護国化が交渉にのぼり、それを死活の問題とみなさざるをえなかったのは、そのためであった。

そうした見地からすれば、日本の進出をさまたげる韓国中立化は、いかにしてもロシア側の有利にはたらく。日本にとって、それが提案の当初から、韓・露の通謀だとしかみえなかったゆえんである。日本はやがて、ロシアとの避戦か開戦かの二者択一を迫られてゆく。それはいずれをとっても、最終的には韓国の独立自主を犠牲にするものとならざるをえなかった。

日英同盟と日露戦争

一九〇二年一月三〇日、ロンドンで第一次日英同盟がむすばれた。韓国における日本の「特殊な利益」を承認したこの同盟は、もちろん極東方面でのロシアの南下に対処しようとするものだが、それぞれの思惑をたどってみると、この前後の歴史がたどった道も、浮き彫りになってくる。

ロシアの満洲占領以来、日本政府内で伊藤博文を中心とする日露協商論と山県有朋・加藤高明の日英同盟論が併存したことはよく知られている。日本が利害関係で合意に達し、手をたずさえるべき相手として、まずロシアを選ぶか、イギリスを選ぶか、という問題である。しかもそれは、韓国をどうあつかうかの問題と直結していた。

ロシアは満洲を確保するために、南方からの軍事的脅威に対する障壁を設けようとした。その一環として韓国中立化政策がある。かりに日本がロシアとの提携を選んで、それだけにとどめたとするなら、いかに韓国に対する進出がゆるされても、それは部分的なものにとどまり、朝鮮半島全域におよぶことはありえなかっただろう。

それに対し、イギリスとの提携を先行させれば、対韓政策のそうした制限や束縛はなくなる。そもそもイギリスは一八八〇年代半ばから、ロシアの南下をふせぐため、優勢な清朝に朝鮮が従属することを主張してきた。その当時の清朝支持は、事実上の同盟関係にある、とさえいわれたのである。日清戦争で清朝が敗れて頼りにならなくなると、その代替として、日本の支持に転じた。だからそこでは、韓国の日本への従属は当然、織り込みずみのことであった。

日本はまず日英同盟を選択した。それは積極的な対韓進出を模索した小村寿太郎の路線、あわせて、日清戦争以来のイギリスの対日接近路線の帰結ともいうべきものである。

もちろんそれがただちに、日露の協調途絶と武力対決の不可避を意味したわけではない。ともかく同盟条約をむすんだ日英の圧力で、ロシアに譲歩を迫る方針であった。ロシアは果たして、ようやく満洲から軍隊を撤退させることに同意する。一九〇二年四月八日、清朝とむすんだ満洲還付条約がそれで、六ヵ月ごと三回に分けて、全面的に撤兵することを約したものである。

ところが小村寿太郎がにらんでいたとおり、ロシアは第二次撤兵を履行せず、満洲にいすわって、南下を再開する姿勢を示した。そして朝鮮半島をめぐる日露の利害調整が最終的に決裂して、ついに破局にいたったのである。それは同時に、韓国の命運を決する事件でもあった。

エピローグ

一九〇四年二月一〇日、日露戦争勃発。

一九〇四年二月二三日、日韓議定書調印。

後者は日本軍が韓国内の戦略要地を収用することを承認したものである。日露戦争は清朝の領土である満洲を戦場とした。そこに日本が軍隊をさしむけるには、朝鮮半島をすべておさえておかなくてはならない。

ここにおいて、朝鮮半島の国際的地位は、日韓の二国間で決せられるものとなった。事態を決するのは、もはや両者の力関係だけである。韓国の自主も、これでほぼ、運命がさだまった。日露戦争の結果、日本の勝利は、それを不可逆のものとする。

一九〇五年一〇月一六日、ポーツマス条約公布。

一九〇五年一一月一七日、第二次日韓協約調印。

後者は韓国の保護国化をさだめたものである。これで名実ともに、韓国の自主は失われた。それに対する抵抗はいよいよ激化し、それに対する抑圧も大きくなってゆく。日韓の対立は険しさをましていった。韓国併合への出発である。

かくて朝鮮あるいは韓国の独立自主は、長くとって十年、短く数えれば、五年しか持続しなかった。そして朝鮮半島を一体とする自主は、じつはそれ以来、いまなお実現していない。それが厳然たる歴史事実である。

かつて主体《チュチェ》思想がとなえられ、いまなお自主外交がさけばれるのも、どうやらこのあたりに淵源がある。

本書は銀の奔流で、グローバルな規模で世界が一体となりはじめた一六世紀の東アジア情勢から説き起こした。朝鮮半島が地政学的に重要性を有する歴史的な出発点が、そこにあるからである。その局面に不可分に作用していたのが、日本列島と遼東地域・満洲の勃興である。

各々の政体を維持しつつ、相互の力関係をいかに調整し、安定させるか。一七世紀以降、それが朝鮮半島のみならず、東アジア全域の秩序と平和を保ってゆく、歴史的な課題となった。

江戸時代の日朝交隣関係と清韓宗属関係との並存は、そのひとつの解答であったし、一九世紀後半期の「属国自主」も、ひとつの解答であった。そのなかで、清朝の果たした役割はきわめて大きい。歴史的に通観して、ともかく清朝が健在であるかぎり、朝鮮の自主はそれなりに保たれていたからである。

そのあたり、いま一度、日清戦争前夜の、若きカーゾンの意見を聴いてみよう。

朝鮮は本質的に弱小国である。だが実際には、それがその唯一無二の強みである。なぜなら、もし朝鮮がどこかの国と同盟をすることで、勢力のバランスをかえてしまうほど強大だったとしたら、最後にはまちがいなく併合されてしまう進路をとっていたかもしれないからである。だから自己一身の利益をはかるために、朝鮮に独立を使嗾《しそう》するのは、愚かな人間のやること、朝鮮に自らその死亡証書に署名させるのと、ほとんどかわらない。朝鮮一国では、抱かれている小児ほどの力しかないのである。けれども、日清露の三大隣国が一定の距離を保って、あい牽制しつづけるかぎり、朝鮮はそのあいだに介在して、武力侵攻をまぬかれることができる。しかしこの三国のうち、二国がひとたび戦端を開いてしまったなら、この三国が全体で事実上、保証を与えてきた朝鮮の領土保全は、たちまち雲散霧消に帰し、再建するのは難しいであろう。国際的な保護が一時しのぎとして、提案にのぼったこともあった。しかしロシアは、既存の保証以上に動こうとは決してすまい。現状でもすでに後悔しているからだ。清朝のほうはといえば、朝鮮がすでに自らの属国であるのに、そこに対する国際的な保護に加わるよう求められても、まず承諾はすまい。朝鮮という国家の永続は、清朝との関係を維持することにかかっている、とわたしは確信する。

いかにも当時のイギリス人の利害にもとづいた議論だし、現在では鼻につく帝国主義的な語彙と口吻である。清朝と宗属関係が存在することの意味を高く評価し、朝鮮の「独立」に否定的なのも、そのあらわれだといえばいえよう。しかしながら、「属国自主」とそれがもたらした勢力均衡に関するかぎり、カーゾンがいわんとする内容は、ほぼ肯綮に当たっている。予言的でさえある。「二国がひとたび戦端を開い」た日清・日露の戦争は、正しく「朝鮮の領土保全」と「朝鮮という国家の永続」を「雲散霧消に帰」せしめた。そこを貫く事実経過は、清朝のプレゼンスの否定である。

それをもたらしたのは、まず日清戦争であり、ついでロシアの満洲占領であった。清朝が弱体化し、「相互の牽制」が失われては、カーゾンが別のところでいうように、朝鮮の「独立は」、「将来さらなる擾乱の源をなす」「幻想」でしかなかったのである。冷徹無比のイギリス外交は、したがってまずはもっとも優勢な清朝を支持し、ついで日英同盟に転じた。

「独立」の「幻想」たるゆえんを、朝鮮の立場において、もっともよくわかっていた一人が、金弘集だったのであろう。だからこそかれは、清朝の対朝政策を支持し、日本の甲午改革に協力した。イギリスの極東政策と期せずして同じ方針である。そこにはやはり、冷静な情勢判断と確乎たる信念があったにちがいない。

イギリスのほうは大過なかったのに対し、金弘集の事業はいずれも、成功をおさめることができなかった。そのあげく、もはや志をえられないと諦観して、自ら生涯の幕をおろした。それはやはり悲劇というに値する。

朝鮮半島をめぐる力関係をいかに調整し、安定させるか。その歴史的課題は無名の民衆、兵士から宰相、王妃にいたるまで、じつに多くの流血を強いてきた。それにもかかわらず、二〇世紀初頭の日露開戦にいたるまで、いや現在の東アジア国際政治にまで、貫徹している。時は流れ、国家は隆替し、軍事力のありようが変化をとげても、課題をせまる原理そのものは、どうやらかわっていない。

朝鮮半島はいまなお危機が続いている。われわれはそこに立ち会い、きわめて切実な問題だと自覚しながら、有効な解答を示すことができずにいる。

だからおそらく、本書に述べた歴史は、遠くに過ぎ去った昔話ではない。歴史事実そのものの再生はありえないけれど、過去のさまざまな選択肢と可能性のありようをさぐりあて、未来にとるべき指針の参考とすることはできる。現代日本人も真摯に考えねばならない問題が、きっとそこにひそんでいるはずだと思う。

文献解題

この本を著すにあたって参照した文献を逐一あげるのは、書くほうにはあまりにもわずらわしいし、長大で無味乾燥なリストでは、読むほうはさぞかし退屈だろう。現在一般にあまり顧みられない、日本語で読めるものを中心に、主要な書名をあげるにとどめる。その代わり、それぞれに簡単な解説をくわえることにしたい。

たえず参照したのは、つぎの四部の学術書である。

田保橋潔《たぼはしきよし》『近代日鮮関係の研究』上下二冊、朝鮮総督府中枢院、一九四〇年

題名はもはや死語となった「日鮮関係」でありながら、内容はむしろ、一九世紀以後、日清開戦までの厖大なる極東の国際政治史といったほうがふさわしい。視野は雄大、叙述は細密、いまなお清新で、何度も読みなおすに値する超一級、不朽の名著である。原史料の漢文が訓点なしに引いてあるので、読みこなすには熟練が必要。索引がほしい。

中村栄孝《なかむらひでたか》『日鮮関係史の研究』上中下三冊、吉川弘文館、一九六五～一九六九年。

これも不朽の大著。室町時代から江戸開府にいたる東アジアの対外関係史をくわしく知るために

は、必須の文献である。やはり「日鮮関係」という書名にまどわされることはない。索引をうまく使えば、史料と史実の宝庫となる。ただ研究論文の集成であり、一貫したストーリーとはなっていないため、いささか読みにくい。また史料の読みにも、首をかしげるところがある。

田代和生《たしろかずい》『近世日朝通交貿易史の研究』創文社、一九八一年。

対馬の貿易経済を中心に、田保橋と中村とのちょうど中間の時代の日朝関係を明らかにした大作である。精細な叙述と厖大な統計が圧倒的で、あくなき史料の蒐集と解析のたまもの。元来の史料の性質もあろうが、これほどの仕事ができるのは、中国経済史をやっているものからすると、うらやましいかぎりである。

森山茂徳《もりやましげのり》『近代日韓関係史研究――朝鮮植民地化と国際関係』東京大学出版会、一九八七年。

日清戦争時から韓国併合までの日本と朝鮮／韓国の関係を綿密にあとづけたもので、外国の動向と不可分な朝鮮／韓国政府の内部構造の動態を分析してある点が貴重。ただ論述の密度が高きに失して、決して読みやすい本ではない。もう少し史料の引用と所説の論証にページを割いてほしいところだが、国際関係のなかでの朝鮮植民地化過程を知るには、やはり必読の書である。

このほか、学術論文は専門的にすぎるかもしれないが、やはりあげておかなくてはならない。岩井《いわい》茂樹《しげき》「十六・十七世紀の中国辺境社会」、小野和子編『明末清初の社会と文化』京都大学人文科学研究所、一九九六年、所収は、明末清初の長城線・遼東地方の活気溢れる商業ブームをえがきだした名作。日本人に理解しにくいロシア関係は、佐々木揚《ささきよう》「日清戦争前の朝鮮をめぐる露清関係——一八八六年の露清天津交渉を中心として」『佐賀大学教育学部研究論文集』第二八集第一号（Ⅰ）、一九八〇年、同「一八八〇年代における露朝関係——一八八五年の「第一次露朝密約事件」を中心として」『韓』第一〇六号、一九八七年、石和静《ソクファジョン》「ロシアの韓国中立化政策——ウィッテの対満州政策との関連で」『スラヴ研究』第四六号、一九九九年が秀逸で、教えられることが多い。日露戦争直前の日本外交については、千葉功《ちばいさお》「多角的同盟・協商網の模索と挫折」、同『旧外交の形成——日本外交一九〇〇～一九一九』勁草書房、二〇〇八年、第Ⅱ部が刺激的である。

本書であつかった時期の中国史・朝鮮史にかかわる一般書・概説書はたくさんあるけれども、とくに最近はあまりいいものが出ていない。著者の力量が不十分なのか、政治的な関心・配慮がさきにたつのか、史料の使い方が恣意的で信用に値しない。

そのなかで参照に足るものをいくつかあげると、明清王朝と朝鮮王朝の歴史全般は、岸本美緒・宮嶋博史『世界の歴史　12　明清と李朝の時代』中央公論社、一九九八年が一級品。岸本美緒『東アジアの「近世」』山川出版社、世界史リブレット13、一九九八年は、明朝の辺境という一局面をえがいた岩井前掲論文の世界史的な背景描写というべきもので、両者あわせ読むとよい。同じ時期の日本・

対馬・朝鮮をあつかったものに、田代和生『書き替えられた国書——徳川・朝鮮外交の舞台裏』中公新書、一九八三年、同『倭館——鎖国時代の日本人町』文春新書、二〇〇二年がある。田代前掲書の続編だが、外交と交流に文脈がひろがっていて、詳細かつ平易。朝鮮の近代史は、糟谷《かすや》憲一《けんいち》『朝鮮の近代』山川出版社、世界史リブレット43、一九九六年をまず座右に備えておきたい。叙述の性格は、むしろ教科書というべきものだが、基本的な史実をもらさずとりあげてあって、便利この上ない。

最後に筆者じしんの著作を二つあげる。

岡本隆司『属国と自主のあいだ——近代清韓関係と東アジアの命運』名古屋大学出版会、二〇〇四年。

岡本隆司『馬建忠の中国近代』京都大学学術出版会、二〇〇七年。

前者は一八八〇年代の清韓関係とそれをめぐる日英米露に比重をかけている。後者は本書にも登場した馬建忠の評伝であり、文章の訳注もおさめる。とくに壬午変乱前後にくわしい。本書で立ち入ってふれられなかった史料・史実をくわしく知りたい向きはひもといてほしい。

マ

ヤ

ラ

タ

ナ

ハ

サ

索引

・原則として日本語読みで排列した。
・本文にハングル読みを示したものについては、その読み方で排列した。
・朝鮮人の人名にはハングル読みを、西洋人の人名には原綴を（　）で付した。

ア

カ

世界《せかい》のなかの日清韓関係史《にっしんかんかんけいし》——交隣《こうりん》と属国《ぞっこく》、自主《じしゅ》と独立《どくりつ》

二〇〇八年八月一〇日第一刷発行　二〇二〇年七月一四日第六刷発行

著者　岡本隆司《おかもとたかし》

発行者　渡瀬昌彦
発行所　株式会社講談社
東京都文京区音羽二丁目一二―二一　郵便番号一一二―八〇〇一
電話（編集）〇三―三九四五―四九六三　（販売）〇三―五三九五―四四一五
（業務）〇三―五三九五―三六一五
装幀者　山岸義明　本文データ制作　講談社デジタル製作
印刷所　信毎書籍印刷株式会社　製本所　大口製本印刷株式会社

ISBN978-4-06-258420-3　Printed in Japan
N.D.C.220　204p　19cm

講談社選書メチエ　刊行の辞

書物からまったく離れて生きるのはむずかしいことです。百年ばかり昔、アンドレ・ジッドは自分にむかって「すべての書物を捨てるべし」と命じながら、パリからアフリカへ旅立ちました。旅の荷は軽くなかったようです。ひそかに書物をたずさえていたからでした。ジッドのように意地を張らず、書物とともに世界を旅して、いらなくなったら捨てていけばいいのではないでしょうか。

現代は、星の数ほどにも本の書き手が見あたります。読み手と書き手がこれほど近づきあっている時代はありません。きのうの読者が、一夜あければ著者となって、あらたな読者にめぐりあう。その読者のなかから、またあらたな著者が生まれるのです。この循環の過程で読書の質も変わっていきます。人は書き手になることで熟練の読み手になるものです。

選書メチエはこのような時代にふさわしい書物の刊行をめざしています。

フランス語でメチエは、経験によって身につく技術のことをいいます。道具を駆使しておこなう仕事のことでもあります。また、生活と直接に結びついた専門的な技能を指すこともあります。

いま地球の環境はますます複雑な変化を見せ、予測困難な状況が刻々あらわれています。

そのなかで、読者それぞれの「メチエ」を活かす一助として、本選書が役立つことを願っています。

一九九四年二月　　　　野間佐和子